팀 켈러의
로마서 성경공부

Romans 1-7: The Gift of God
©2014 by Timothy Keller

Romans 8-16: In View of God's Mercy
© 2015 by Timothy Keller

Originally published individually in English under the title *Romans 1-7: The Gift of God*,
Romans 8-16: In View of God's Mercy by The Good Book Company
All rights reserved.

Korean translation edition © 2019 by Duranno Ministry
38, 65-gil, Seobinggo-ro, Yongsan-gu, Seoul, Republic of Korea

This Korean combined translation edition published by arrangement with The Good Book
Company.

팀 켈러의 로마서 성경공부

지은이 | 팀 켈러
옮긴이 | 김주성
초판 발행 | 2019. 6. 19
8쇄 발행 | 2024. 8. 16
등록번호 | 제1988-000080호
등록된 곳 | 서울특별시 용산구 서빙고로65길 38
발행처 | 사단법인 두란노서원
영업부 | 02)2078-3333 FAX | 080-749-3705
출판부 | 02)2078-3330

책값은 뒤표지에 있습니다.
ISBN 978-89-531-3534-5 03230
독자의 의견을 기다립니다.
tpress@duranno.com www.duranno.com

두란노서원은 바울 사도가 3차 전도 여행 때 에베소에서 성령 받은 제자들을 따로 세워 하나님의 말씀으로 양육
하던 장소입니다. 사도행전 19장 8-20절의 정신에 따라 첫째 목회자를 돕는 사역과 평신도를 훈련시키는 사역,
둘째 세계선교™와 문서선교단행본·잡지 사역, 셋째 예수문화 및 경배와 찬양 사역, 그리고 가정·상담 사역 등을 감
당하고 있습니다. 1980년 12월 22일에 창립된 두란노서원은 주님 오실 때까지 이 사역들을 계속할 것입니다.

팀 켈러의
로마서
성경공부

팀 켈러 지음

김주성 옮김

두란노

Contents

Part 1
복음의 영광에
사로잡히다

로마서 1-7장

Part 2

우리 안에 들어온 복음,
삶으로 확증되다

Part 3
인도자 지침서

소그룹 인도자들을 위한 가이드 • 134

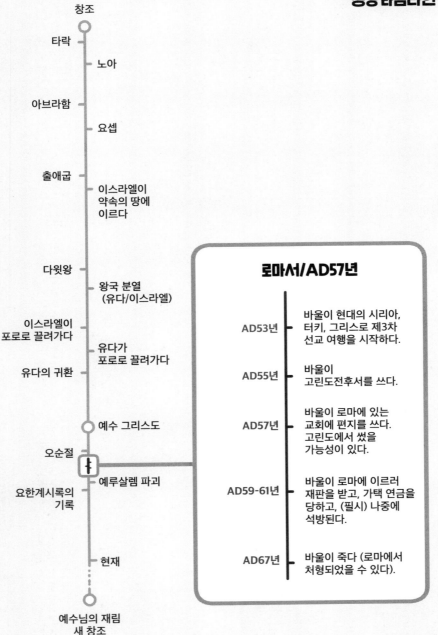

성경 타임라인

창조
타락
노아
아브라함
요셉
출애굽
이스라엘이
약속의 땅에
이르다
다윗왕
왕국 분열
(유다/이스라엘)
이스라엘이
포로로 끌려가다
유다가
포로로 끌려가다
유다의 귀환
예수 그리스도
오순절
예루살렘 파괴
요한계시록의
기록
현재
예수님의 재림
새 창조

로마서/AD57년

AD53년 — 바울이 현대의 시리아, 터키, 그리스로 제3차 선교 여행을 시작하다.

AD55년 — 바울이 고린도전후서를 쓰다.

AD57년 — 바울이 로마에 있는 교회에 편지를 쓰다. 고린도에서 썼을 가능성이 있다.

AD59-61년 — 바울이 로마에 이르러 재판을 받고, 가택 연금을 당하고, (필시) 나중에 석방된다.

AD67년 — 바울이 죽다 (로마에서 처형되었을 수 있다).

왜 로마서를
공부해야 하는가

하나님의 선물(롬 1-7장)

모든 사람은 올바르고 싶어 한다. 우리는 나라의 법, 우리가 존경하는 사람들, 우리가 사랑하는 이들, 함께 일하는 사람들이 보기에 올바르기를 원한다. 우리는 그러한 올바른 지위를 획득하고 유지하려고 노력한다. 다시 말해서, 우리는 '의롭기를' 갈구한다.

　　그 어느 것보다 더 낫고 더 중요한 올바른 지위가 있다. 그것은 우리 삶의 모든 측면을 변화시키고 자유롭게 하지만, 아무도 그것을 스스로의 힘으로 획득하거나 유지하지 못한다. 그것은 하나님과의 올바른 관계다. 로마서 1-7장이 바로 그 '의'에 대한 이야기다. 그리고 왜 우리가 그것을 갖지 못했고, 왜 그것이 필요하고, 어떻게 그것을 받을 수 있는지 보여 준다. "하나님의 은사(선물)는 그리스도 예수 우리 주 안에 있는 영생이니라"(롬 6:23). 이 구절에 우리는 감격한다.

성경의 이 부분을 가장 많은 사람이 읽었고 가장 많은 사람이 이에 대해 글을 썼다. 로마서 1-7장은 당신이 성경을 이해하는 데 큰 도움이 된다. 그래서 당신이 하나님과 올바른 관계라는 귀한 선물을 누리게 될 것이고, 당신의 심령, 삶, 정체성, 시야가 뒤바뀔 것이다.

하나님의 모든 자비하심으로(롬 8-16장)

어떻게 복음은 우리 삶을 변화시키는가? 그것이 바울이 성경의 기반을 이루는 책, 로마서의 후반부에서 다루는 주된 질문이다. 로마서 8-16장의 핵심은 다음 구절이다. "그러므로 형제들아 내가 하나님의 모든 자비하심으로 너희를 권하노니 너희 몸을 하나님이 기뻐하시는 거룩한 산 제물로 드리라 이는 너희가 드릴 영적 예배니라"(롬 12:1).

바울은 1세기 로마 교회와 우리에게 하나님이 백성을 위해 하신 모든 것에 비추어 사는 삶이 어떤 것인지 보여 주고자 했다. 하나님의 은혜가 그리스도인의 존재와 그리스도인이 하는 모든 일을 빚어간다.

로마서 8-16장은 어떻게 복음이 우리의 영원한 미래뿐만 아니라 우리의 현재 관점과 우선순위, 태도, 행동을 달라지게 하는지 보여 준다. 이 놀라운 서신서의 후반부를 공부하며 왜 하나님의 모든 자비하심에 비추어 살아야 하는지 깨닫게 될 것이다.

성경공부는 다양한 장소에서 다른 사람들에 의해 진행된다. 특별히 소그룹원들의 직업, 나이, 성별, 신앙의 성숙도가 다를 수 있다. 그렇기 때문에 가이드북을 여러 다양한 상황에 응용하도록 고안했다.

이 책은 각 과에서 성경본문의 의미를 파악하고, 그것이 성경의 큰 그림에 어떻게 맞는지 보는 것을 목표로 한다. 그러나 그것이 끝이 아니다.

성경공부를 통해 발견한 것을 삶에 적절히 적용할 수 있다. 이 책에 무엇이 담겨 있는지 살펴보자.

마음 열기

자연스럽고 편안한 분위기에서 토의를 시작할 수 있도록 돕는 시간이다. 마음 열기의 질문들은 성경공부에서 다룰 주제에 관해 개인의 경험을 꺼낼 수 있도록 고안했다.

성경 연구

각 과의 성경 본문을 적절한 단위로 나누어 살펴보고, 본문이 무엇을 말하는지 이해를 돕는 질문이 수록되어 있다. 리더 가이드에는 질문에 대한 안내가 있고, 추가적인 질문이 있을 수 있다.

더 깊이 알기

그날의 성경공부를 통해 배운 것을 다른 부분들과 연결되게 해 준다. 성경공부에서 자세히 다루지 않는 본문의 더 깊은 부분을 볼 수 있다. 이때 더 깊이 알기는 리더의 재량에 따른 선택 사항이다.

적용하기

성경의 가르침이 각 사람의 실제 삶에 의미하는 바가 무엇인지 소그룹이 토론할 수 있도록 돕는다. 개인적인 적용은 성경공부를 통해 배운 것의 결과로 삶에 변화시켜야 할 것에 대해 생각하고, 계획하고, 기도하게 한다.

기도하기

하나님의 말씀에 뿌리를 두고, 하나님의 관심사와 목적과 약속에 맞는 기도를 하도록 격려한다. 성경공부를 통해 얻은 진리와 도전을 살펴보고, 간구와 감사의 기도로 바꾸는 것으로 성경공부가 마무리된다.

ROM
ANS
1-7

PART 1

복음의
영광에
사로잡히다

1

하나님의 의(1:1-17)

복음에 빚진 자

― **마음 열기**

1. 기독교의 메시지를 한 문장으로 말한다면 무엇일까?

― **성경 연구**

   ▶ **로마서 1장 1-13절을 읽으라**

2. 바울은 자신과 삶을 어떻게 보았는가(1, 5절)?

3. 처음 여섯 절이 '복음'에 대해 우리에게 무엇을 말해 주는가?

4. 참된 믿음의 결과는 무엇인가(5절)? 그렇게 생각한 이유는 무엇인가?

5. 바울은 누구에게 편지를 쓰고 있는가(7절)? 그들을 어떻게 묘사하는가?

- 바울은 그들을 위해 어떻게 기도하는가(8-10절)?

- 바울이 그들을 방문하기 원하는 이유는 무엇인가(11-13절)?

— **적용하기**

6. 오늘날 그리스도인들은 어떻게 서로를 격려할 수 있는가?

— 개인적 적용

하나님은 예수 그리스도가 하나님의 아들이며 부활하셔서 세상을 통치하시고 모든 성도는 그분이 주시는 은혜와 평화를 누린다고 선포하셨다. 우리가 다른 성도들과 함께 시간을 보내는 것은 이를 인정하고 선포하는 사람들과 함께 시간을 보내는 것이다.

이것이 교회 예배에 대한 당신의 태도에 어떤 격려와 도전을 주는가? 당신은 다른 그리스도인들의 은사를 통해 어떤 격려를 받고, 또한 당신의 은사로 어떻게 그들을 섬기는가? 당신은 그 두 가지 중에서 어느 것을 (아니면 둘 모두를) 더 많이 필요로 하는가?

— 성경 연구

▶ 로마서 1장 14-17절을 읽으라.

7. 바울은 복음에 대해 어떻게 느끼는가(15절)? 또 어떻게 느끼지 않는가(16절)?

8. 왜 바울은 부끄러워하지 않는가(14, 16절)?

9. 17절에서 바울이 정리한 기독교의 메시지를 당신의 언어로 표현해 보라.

― 더 깊이 알기

복음은 누구를 위한 것인가(14, 16절)? 왜 바울이 이 진리를 강조한다고 생각하는가? 이 복음은 누구를 구원하는가(16-17절)?

만일 우리가 이런 것을 잊으면 무슨 일이 일어나는가?
- 복음 메시지의 무제한성을 잊는다면?
- 믿음으로 의를 받고 구원에 이른다는 진리를 믿지 않는다면?

당신은 어느 것을 잊기가 더 쉬운가?

10. 17절 끝 부분은 그리스도인의 삶에 대해 우리에게 무엇을 일깨워 주는가?

11. 14-17절은 다음에 대해 우리에게 무엇을 가르쳐 주는가?

- 복음의 빛에 대해?

- 복음의 능력에 대해?

- 복음의 내용에 대해?

- 왜 이 중 어느 것이라도 잊으면, 복음에 대해 말하지 않고 침묵하게 되는가?

12. "오직 의인은 믿음으로 말미암아 살리라"라는 복음 메시지를 우리가 잊는 이유는 무엇인가?

— 개인적 적용

복음은 항상 반발을 일으킨다. 그래서 우리는 복음을 부끄러워하려는 유혹을 늘 받는다. 부끄러워하는 것의 반대는 복음을 전하겠다고 하는 것을 넘어서서 복음을 전하기를 열망하는 일이다(15절).

당신이 복음을 나누기를 열망했던 때를 떠올려 보라. 그때 당신은 왜 복음을 열망했었는가? 당신은 언제 복음을 부끄러워하는가? 만약 당신이 다음에 그런 상황에 처한다면 16-17절을 어떻게 기억하겠는가? 무엇이 달라질 것인가?

— 기도하기

다음과 같은 것들로 인해 하나님께 감사하라.

- 당신의 교회로 인해, 교회가 당신의 믿음과 순종을 격려해 주기 때문에 감사하라.
- 하나님이 복음으로 하나님의 의를 보여 주시고 또한 하나님의 의를 주셨다는 진리로 인해 감사하라.
- 언제나 그 의는 행위가 아니라 믿음에 관한 것이라는 사실로 인해 감사하라.

하나님께 이렇게 간구하라.

- 복음을 나누려는 담대함을 주시고, 만일 당신이 복음을 부끄러워할 때 깨우쳐 주시도록 기도하는 시간을 가지라.

2

의로움의 갈망(1:18-2:29)

왜 모든 사람에게 복음이 필요한가

지금까지의 이야기

바울이 로마 교회에 복음에 대해 편지한다. 그것은 하나님의 의가 예수님에 의해 계시되었고, 예수님으로부터 하나님의 의를 받을 수 있다는 소식이다.

― 마음 열기

1. 만약 당신이 100명에게 "세상은 무엇이 문제입니까?"라고 묻는다면 어떤 대답을 듣게 될까?

- 또 "무엇을 고치면 될까?"라고 묻는다면 어떤 대답을 듣게 될까?

― 성경 연구

▶ **로마서 1장 18-32절을 읽으라.**

2. 18-21절은 '하나님의 진노'에 대해 무엇을 말하는가?

3. 바울은 하나님을 알고 예배하기를 거부하는 인간에 대해 말한다. 그런 사람들에게 늘 일어나는 일은 무엇인가(22-25절)?

4. 하나님을 알고 싶어 하지 않을 때의 결과는 무엇인가(26-32절)?

5. 우리 주변에서 하나님의 진노가 임한 것을 본 적이 있는가? 어떤 모습이었나?

6. 당신의 교회 공동체가 주변 문화보다 진리를 덜 억압하고 우상숭배를 덜 한다고 생각하는가? 왜 그렇게 생각하는가?

── 개인적 적용

우리 마음의 주된 문제는 나쁜 것을 원하는 것이라기보다 좋은 것을 너무 많이 원하는 것이다. 즉 창조된 어떤 좋은 것을 우상, 즉 예배와 섬김의 대상으로 바꾸려 한다.

당신에게 성취감과 만족감을 줄 것이라고 생각하면서 신으로 삼으려는 유혹을 가장 많이 받는 3가지는 무엇인가?

그 우상을 어떻게 보아야 하나님의 피조물로 올바르게 보는 것인가? 하나님을 예배하고 하나님께 감사하며 그것을 누린다면 어떤 변화를 경험하게 될 것인가?

─ 성경 연구

▶ **로마서 2장 1-29절을 읽으라.**

7. 바울이 로마서 2장 1-3절에서 어떤 사람들에 대해 말한다고 생각하는가?(17절이 관련될 수 있다)

- 바울이 말하는 것은 무엇인가?

- 바울은 무엇을 경고하는가(4-5절)?

─ 개인적 적용

다른 사람들이 짓는 죄를 당신은 짓지 않기 때문에 "하나님의 심판을 피할 수 있다"고 생각하는가(3절)?

하나님은 우리의 기준에 따라 우리를 심판하실 것이다. 즉 우리 입으로 판단했던 말을 기준으로 삼아 우리가 심판받을 것이다. 다른 사람들이 어떻게 살아야 한다고 말했던 것에 따라 우리의 행동과 생각이 심판받을 것이다.

혹시 당신은 다른 사람들의 행동과 생각을 보면서 판단하고 멸시하려 들지는 않는가?

— 더 깊이 알기

"하나님께서 각 사람에게 그 행한 대로 보응하시되"(6절). 심판은 행위에 근거해 이루어질 것이다. 그렇다면 바울은 로마서 1장 16-17절에서는 하나님과의 올바른 관계는 하나님이 우리에게 주시는 것이고, 믿음으로 받는 것이며, 결코 우리의 노력으로 얻는 것이 아니라던 말을 바꾼 것일까?

▶ 시편 62편을 읽으라.

바울은 시편 62편을 인용한다. 시편의 저자 다윗은 두 그룹의 사람들을 대조하며 말한다. 그들은 각각 무엇을 했는가?

12절에서 각 사람이 행한 대로 보상받을 것이라는 의미는 무엇인가?
이것은 바울이 로마서 2장 6-11절에서 말한 것을 이해하는 데 어떻게 도움이 되는가?

시편 62편 9-10절에서 구원의 믿음이 행동으로 표현되는 것을 본다. 로마서에서도 "믿어 순종하게 하나니"라고 말한다(롬 1:5). 그런 의미로 선행이 구원의 전부는 아니지만, 그 사람이 구원의 믿음을 가졌다는 것을 보여 주는 예가 된다. 내적 믿음은 외적으로 나타나기 때문이다.

그리스도인에게 주는 도전은 무엇인가?

바울은 하나님의 율법을 모르는 모든 사람이 "율법 없이 망하고" 그것을 아는 사람은 "율법으로 말미암아 심판을 받으리라"라고 말한다. (12절)

8. 다음 사람들이 하나님께 변명할 수 없다는 것을 바울이 어떻게 보여 주는가?

- 비종교적인 사람들(13-16절)

- 종교적인 사람들(17-27절)

9. 정말로 유일하게 중요한 것은 무엇인가(28-29절)?

- 그런 마음은 어떤 부정적, 긍정적 결과를 낳는가(29절)? 왜 그렇게 생각하는가?

10. 혹시 우리가 바울이 2장에서 말하는 "너"인지 어떻게 알 수 있는가?

11. 누군가 "세상은 무엇이 잘못된 것인가요?"라고 묻는다면, 본문을 근거로 어떻게 대답하겠는가?

12. 우리는 어떻게 복음을 깨닫고 소중히 여기고 누리게 되는가(1:18-2:29)?

— 기도하기

감사의 기도를 올리라.

• 하나님이 세상을 돌보시고 세상에 사는 사람들을 심판하신다는 것에 대해 감사하라.

• 사람에게 보이는 모습만이 아니라 우리 마음을 하나님이 아신다는 것에 대해 감사하라.

- 하나님과 올바른 관계를 갖는 방법이 복음에 있다는 것에 대해 감사하라.

함께 간구하라
- 당신의 우상숭배 및 종교적 자기 의를 진정으로 인식하게 해 달라고 기도하라.
- 오늘 성경공부를 통해 받은 도전을 가지고 씨름하게 해 달라고 기도하라.
- 성령이 깨우쳐 주시는 대로 당신의 태도를 변화시켜 달라고 기도하라.

3

하나님과 올바른 관계가 되는 방법(3장)

오직 예수의 길로만
가능하다

지금까지의 이야기

바울은 로마 교회에 복음에 대해 편지한다. 그것은 하나님의 의가 예수님으로
인하여 계시되었고, 예수님으로부터 하나님의 의를 받을 수 있다는 소식이다.

하나님의 진노가 모든 사람에게 나타나며, 앞으로도 나타날 것이다. 종교
적인 사람들은 다른 사람을 쉽게 판단하면서 스스로 다른 사람과 똑같이 행
동한다.

― 마음 열기

1. 말문이 막혔던 적이 있는가? 무엇이 원인이었는가?

2. 어떤 의미로 유대인이나 이방인, 혹은 종교적인 사람이나 비종교적인 사람이 모두 같은가(9절)?

- 분명히 어떤 사람들은 다른 사람들보다 덜 죄악되다. 그렇다면 9절은 무슨 의미일까?

3. 10-18절에서 바울은 죄가 우리에게 미치는 영향을 길게 열거한다. 그것은 무엇인가(최소한 7가지)?

4. 1장 18절부터의 바울의 논증을 3장 18-20절에서는 어떻게 요약하는가?

─ 개인적 적용

19절은 침묵할 수밖에 없는 영적 조건에 대해 말한다. 우리가 하나님 앞에 설 때 변명하거나 자구책을 내놓을 것이 없다. 침묵하는 입은 스스로 구원할 수 없음을 아는 사람의 영적 상태다. 우리가 하나님께 빈손으로 나아가 하나님의 의를 그저 받아들이기 위해서는 침묵하는 입이 필요하다. 그런 의미에서, 사람의 구원을 막는 것은 그들의 죄보다 선행이다.

이 진리를 묵상하라. 당신은 아무 할 말도 없다는 것을 아는가? 당신은 정말로 빈손으로 하나님께 나아가는가? 당신은 하나님의 의를 받아들였는가, 아니면 자신의 의를 하나님께 내세우려 하는가?

─ 적용하기

5. 18-20절이 교회 안팎에서 인기가 없는 이유는 무엇인가?

• 왜 복음을 믿으려면 이것을 이해해야 하는가?

─ 성경 연구

▶ 로마서 3장 21-23절을 읽으라

6. "하나님의 한 의가 나타났으니"(21절).

- 그 의를 갖는 방법은 무엇인가?

- 그것이 우리에게 필요한 이유는 무엇인가?

7. 바울은 예수님의 죽음을 어떻게 묘사하는가? 예수님의 십자가 죽으심에 대해 이 구절들은 무엇을 말하는가?

- 24절

- 25절

— 더 깊이 알기

▶ 로마서 3장 21-31절을 읽으라.

이스라엘의 대제사장 아론은 염소로 무엇을 했는가(레 16:5, 15-17)? 동물을 어떻게 바쳤는가? (아론을 위한) 황소 제물과 (백성을 위한) 염소 제물이 무엇을 성취했는가?

"이 예수를 하나님이 그의 피로써 믿음으로 말미암는 화목제물로 세우셨으니"(롬 3:25)라는 구절을 이해하도록 어떻게 돕는가?

8. 십자가에서 하나님의 아들 예수님이 우리를 대신해 죽으셔서 죄에 대한 처벌을 받으셨다. 그것이 하나님이 "자기도 의로우시며 또한 예수 믿는 자를(죄인들을) 의롭다"(26절) 하신다는 것을 어떻게 보여 주는가?

9. 26절에 비추어 보아 다음과 같은 말들을 어떻게 해석할 수 있는가?

- "하나님은 당연히 나를 용서하실 거야. 하나님은 사랑의 하나님이고 용서하시는 분이니까 부모가 자녀를 용서하듯이 나를 용서하실 거야."

- "내가 그런 짓을 저질렀는데 하나님이 나를 용서하실 리 없어."

10. 믿음으로 의롭다함 받으면 왜 자랑할 수 없는가(27절)?

11. 우리는 유대인과 이방인이 똑같이 심판에 직면하는 것을 보았다(질문 2). 어떤 면에서 유대인과 이방인이 같은가(29-30절)?

─ 적용하기

12. 복음을 믿는 것("그리스도를 자랑하는 것")이:

- 어떻게 우리를 겸손하게 하는가?

- 어떻게 스스로 정직해지게 하는가?

- 어떻게 우리를 근심과 걱정에서 자유롭게 하는가?

- 어떻게 실패나 죽음으로부터 두렵지 않게 하는가?

— 개인적 적용

어떤 질문에 대한 대답이 당신을 가장 자유롭게 하는가?

— 기도하기

질문 3에 대한 당신의 대답을 가지고 하나님께 죄를 자백하라.

질문 8에 대한 당신의 대답을 가지고 복음으로 인해 하나님을 찬양하라.

질문 12에 대한 당신의 대답을 가지고 당신이 의롭다하심 받은 삶을 실행하고 누리게 해 달라고 하나님께 간구하라.

4

복음으로 의롭게 된
두 증인

지금까지의 이야기

바울은 로마 교회에게 복음에 대해 편지한다. 그것은 하나님의 의가 예수님에 의해 계시되었고, 예수님으로부터 하나님의 의를 받을 수 있다는 소식이다.

하나님의 진노가 모든 사람에게 나타났으며, 앞으로도 나타날 것이다. 종교적인 사람들은 다른 사람들을 판단하면서 그들도 다른 사람들과 똑같이 행동한다.

아무도 하나님 앞에서 변명하지 못할 것이다. 그러나 우리를 대신해 하나님의 진노를 지신 예수님을 믿으면 하나님과 올바른 관계를 가질 수 있다.

― 마음 열기

1. 믿음은 무엇인가? 믿으면 무엇이 좋은가?

― 성경 연구

> ▶ **로마서 4장 1-8절을 읽으라.**

본문에서 매우 중요한 단어는 인정하다(8절)다. 그 의미는 전에는 없던 상태, 지위, 신분을 수여하는 것이다. 예를 들어, 임대 후 구매하는 집이 있다. 월세를 내다가 나중에 집을 사기로 결정하면, 집주인은 그동안 낸 월세를 계약금으로 인정한다. 월세가 계약금이라는 새로운 신분을 받는다(미국의 제도에 따른 예-역주).

2. 바울은 모든 유대인의 조상인 아브라함을 예로 든다. 아브라함은 의롭다하심을 받는 것에 대해 무엇을 발견했는가(1-5절)?

- 창세기 15장 1-6절을 읽으라. '믿음'이 무엇인가?

3. 다음으로 바울은 이스라엘의 가장 위대한 왕인 다윗을 다룬다. 다윗은 용서에 대해 무엇을 발견했는가(6-8절)?

― 더 깊이 알기

▶ **시편 32편을 읽으라.**

믿음으로 의롭다함을 받은 사람은 무엇을 하는가(5, 8, 11)? 1-2, 7절을 마치 다윗이 믿음이 아니라 행위로 의롭다함을 받는다고 말하는 것처럼 다시 써보라.

― 적용하기

4. 구원의 믿음은 무엇이고, 구원의 믿음이 아닌 것은 무엇인지 5절 말씀으로 어떻게 설명할 수 있는가?

5. 구원의 믿음은 많은 교인들이나 종교적인 사람들이 생각하는 믿음과 어떻게 다른가?

― 개인적 적용

오늘밤 당신이 죽어서 하나님앞에 서 있다. 하나님이 "왜 내가 너를 나의 천국에 들어오게 해야 하느냐?"라고 물으신다면, 어떤 대답을 하겠는가?

많은 사람들이 "저는 좋은 그리스도인이 되려고 최선을 다했어요"라거나 "저는 하나님을 믿고 하나님의 뜻을 행하려고 노력해요"라거나 "저는 하나님을 진심으로 믿어요"라고 대답할 것이다.

그러나 이는 구원의 믿음이 아니다. 첫 번째는 행위로 구원받으려는 것이고, 두 번째는 믿음과 행위로 구원받으려는 것이고, 세 번째는 믿음을 하나의 행위로 여겨서 구원받으려는 것이다. 참된 구원의 믿음은 신뢰의 대상을 옮기는 것이다. 즉 내가 아닌 하나님만 신뢰하는 것이다. 질문의 정답은 "왜냐하면 저를 구원해 주신다는 하나님의 약속을 믿기 때문이에요"이다.

당신은 구원의 믿음을 가졌는가?

— 성경 연구

> ▶ **로마서 4장 9-25절을 읽으라.**

9-15절에서 바울이 다음의 순서를 논한다. 하나님이 아브라함을 의롭게 여기셨다. 하나님이 아브라함의 가족에게 할례를 받으라고 명하셨다. 하나님이 아브라함의 가족에게 율법을 주셨다.

6. 이런 일들(아브라함이 의로워지고 할례를 받은 것)이 역사 속에서 일어난 순서가 우리의 구원과 어떠한 관련이 있는가(9-15절)?

- 바울의 결론은 무엇인가(16-17절)?

7. 18-22절에서 하나님을 믿는 것(즉 구원의 믿음을 갖는 것)에 대해 무엇을 배우는가?

- 17절 끝의 진리를 아브라함이 알았다는 것을 아브라함의 삶이 어떻게 보여 주는가?

8. 오늘날 우리에게 구원의 믿음은 어떤 것인가(23-25절)?

— **적용하기**

9. 믿음으로 의롭다함을 받을 때 무엇이 달라지는가?

- 2-3절

- 6-8절

- 16절

- 18절

10. 당신의 삶이나 그리스도인들의 삶에서 믿음을 가짐으로써 다음과 같은 결과를 갖게 되었을 때에 대한 예를 나누라.

- 소망이 없는 상황 속에서 소망을 갖게 되었다.

- 어려운 일이지만 하나님께 순종하여 하게 되었다.

11. 믿음은 무엇인가? 믿으면 무엇이 좋은가?

— 개인적 적용

예수님의 죽음과 부활로 의롭다하심을 받았다는 하나님의 약속을 당신이 믿는다면…

- 질문 9에 대한 답변 중 어느 것이 오늘 당신에게 용기와 위로가 되는가?
- 당신은 이번 주에 믿음으로 의롭다하심을 받는다는 것의 어느 측면을 더 생각하고 누리겠는가?

― 기도하기

"하나님은 죽은 자를 살리시며 없는 것을 있는 것으로 부르시는 이시니라"(4:17). 이 구절을 가지고, 하나님이 당신을 위해 하셨고 지금도 하고 계신 모든 일들에 대해 찬양하는 시간을 가지라.

"아브라함이 바랄 수 없는 중에 바라고 믿었으니 … (하나님이) 약속하신 그것을 또한 능히 이루실 줄을 확신하였으니"(18, 21절).

아브라함의 믿음을 닮게 해 달라고 함께 기도하라. 하나님이 당신에게 주셔야 할 소망하고 약속을 신뢰하는 믿음의 부분이 어디인지 서로 나누고 나서 그룹이 함께 그것을 위해 기도하라.

5

의롭다하심을 받은 유익들(5장)

하나님과
화평케 되다

지금까지의 이야기

하나님의 진노는 모든 사람에게 나타나며, 앞으로도 나타날 것이다. 종교적인 사람들은 다른 사람을 판단하고 자신도 다른 사람들과 같은 행동을 한다.

그 누구도 하나님 앞에서는 변명하지 못할 것이다. 그러나 우리를 대신해 하나님의 진노를 받으신 예수님을 믿으면 하나님과 올바른 관계를 가질 수 있다.

아브라함의 이야기를 통해 배울 수 있는 것은 다음과 같다. 참된 믿음은 하나님의 약속을 신뢰하는 것이고, 하나님은 참된 믿음을 가진 자들을 하나님과 올바른 관계에 있다고 여기신다.

— 마음 열기

1. 믿음으로 의롭다하심을 받는 것이 좋은 이유는 무엇인가?

— 성경 연구

▶ **로마서 5장 1-11절을 읽으라.**

2. 바울은 의롭다하심을 받음의 어떤 유익을 말하는가(1-2절)?

3. 의롭다하심을 받음이 고난당할 때 어떤 차이를 일으킨다고 바울이 말하는가(3-5, 11절)?

- 왜 의롭다하심을 받음이 이렇게 달라지게 한다고 생각하는가?

4. 하나님이 우리를 사랑하신다는 것을 알 수 있는 두 가지는 무엇인가(5-8절)?

― **적용하기**

5. 3절에서 다음과 같이 말한다면, 어떻게 달라질까?

- 고난과 환난에 대해 즐거워하라고 한다면?

- 고난을 초월하여 즐거워하라고 한다면?

- 고난에도 불구하고 즐거워하라고 한다면?

6. 우리의 소망과 꿈이 정말로 어디에 근거하는지 고난이 어떻게 보여 주는가?

7. 우리가 고난당할 때 기억해야할 것과 고난당하는 그리스도인들에게 일깨워야 할 것은 무엇인가?

— 개인적 적용

당신이 그리스도인으로서 경험했던 어려움이나 시련에 대해 생각해 보라.

그 고난의 시간이 당신으로 하여금 더 기도하고 하나님 안에서 가진 것에 더 주목하게 만들었는가, 아니면 덜 그렇게 되도록 만들었는가? 그것이 당신을 더 검증된 인격으로 만들고, 덜 안달하거나 덜 두려워하게 만들었는가? 그것이 하나님의 임재와 사랑을 더 깊이 경험하도록 이끌었는가?

만일 그렇지 않다면, 그것은 당신이 하나님과 충분한 시간을 보내지 않았거나 하나님이 당신에게 주신 것을 묵상하지 않았기 때문인가? 혹은 시련을 회피하려고 어떤 면에서 하나님께 불순종했기 때문인가? 혹은 하나님께 사랑받지 못하거나 하나님께 벌을 받는다고 느꼈기 때문인가?

미래에 당신이 고난을 만난다면, 고난 중에 즐거워하고 고난이 인내와 연단과 그리스도께 대한 더 큰 소망을 이룬다는 것을 발견하겠는가?

— 성경 연구

▶ 로마서 5장 12-21절을 읽으라.

8. 죄와 사망이 세상에 들어오게 된 이유와 누구에게 영향을 미치는가(12-14절)?

• 어떻게 은혜가 세상에 들어왔는가(15절)?

바울은 '언약적 대표'(federal head)의 교리를 가르친다. 이 진리는 하나님 앞에서 다른 사람이 우리를 대표하고, 우리 대신 행동한다는 것이다. 서구 사회는 매우 개인주의적이지만, 성경은 다른 접근법을 취한다. 성경은 인간의 연대성에 초점을 둔다. 즉 어떤 사람과의 관계 속에서 그 사람이 성취하거나 잃은 것을 당신도 성취하거나 잃는다. 즉 그들이 당신을 대표하는 것이다. 가령 나라의 지도자가 전쟁을 선포하면, 당신도 전쟁을 하는 것과 같다.

로마서 5장에서 바울은 온 인류의 대표자가 아담이나 그리스도 중 하나라고 말한다.

9. 아담과 예수님이 무엇을 했고 그 행동이 어떤 영향을 미쳤는가에 있어서
어떻게 서로 다른가(15-17절)?

- 아담과 예수님의 공통점은 무엇인가(18절)?

10. 바울이 12-18절에서 말한 것이 19절에서 어떻게 요약되는가?

- 왜 예수님 "한 사람이 순종하심"이 우리에게 중요한가?

11. 하나님이 대표자를 통해 우리를 다루신다는 것이 좋은 소식인 이유는 무엇인가?

12. 로마서 5장을 사용하여, 다음과 같은 사람들을 어떻게 격려하고 도전을 줄 수 있는가?

- 정말 자신이 하나님께 사랑받고 구원받았는지 잘 모르는 그리스도인

- 큰 고난을 당하는 그리스도인

- 죽음을 두려워하는 비그리스도인

- "나는 괜찮아요. 나는 나쁜 사람이 아니에요"라고 말하는 비그리스도인

— 개인적 적용

당신은 예수님이 당신을 대표하여 순종하신 것을 얼마나 귀하게 여기는가?

예수님이 당신을 대표하여 순종하신 것이 이번 주에 당신에게 어떤 영향을 미칠까?

당신이 죄의 유혹을 받을 때?

당신이 죄를 지었을 때?

당신이 복음서를 읽을 때?

당신이 기도할 때?

─ 기도하기

- 하나님께 감사의 기도를 드리라.
- 하나님께 회개할 것을 기도하라.
- 하나님께 간절한 소망을 기도하라.

6

순종의 이유(6:1-7:6)

그리스도와 연합해 그분의 종이 되다

지금까지의 이야기

우리는 하나님 앞에서 어떠한 변명도 하지 못할 것이다. 그러나 우리 대신 하나님의 진노를 받으신 예수님을 믿으면 하나님과 올바른 관계를 맺을 수 있다.

아브라함의 예를 통해 참된 믿음은 하나님의 약속을 신뢰하는 것이고, 하나님은 참된 믿음을 가진 자들을 하나님과 올바른 관계에 있다고 여기신다.

의롭다하심을 받음은 우리가 하나님과 화평하고 하나님 앞에 나아가며, 고난 중에도 기쁨을 누릴 수 있다는 의미다. 모든 것은 우리의 대표자이신 그리스도께서 우리를 대신해 순종하셨기 때문에 가능한 일이다.

― **마음 열기**

1. 그리스도인은 행위가 아니라 은혜로 구원받는다. 그런데 왜 하나님께 순종하거나 착하게 살려고 애써야 할까?

― **성경 연구**

▶ **로마서 6장 1-14절을 읽으라.**

1절에서 질문한다. "복음은 어차피 은혜가 계속 덮어주니까 반복해서 죄를 지어도 된다고 말하는 것일까?"

2. 1절의 질문에 대한 대답과 이유를 바울은 2절에서 어떻게 제시하는가?

- "죄에 대하여 죽었다는" 것을 바울이 어떻게 설명하는가?

- 3-5절

- 6-7절

바울은 우리에게 '그리스도와의 연합'의 교리를 말한다. 그리스도께 일어난 모든 일이 이미 신자에게도 일어났다. 그리스도께 대한 모든 사실이 신자의 사실이다. 그리스도께 일어날 모든 일이 앞으로 신자에게도 일어날 것이다.

3. 그리스도인이 "그리스도와 함께 죽었기" 때문에 우리가 알게 된 것은 무엇인가(8-10절)?

― 더 깊이 알기

> ▶ 에베소서 1장 3-14절, 2장 1-10절을 읽으라.

에베소서 1장 3-14절, 2장 1-10절은 우리가 그리스도와 연합했기 때문에 그리스도 안에서 무엇을 가졌다고 가르치는가?

우리는 어떻게 화답해야 하는가(1:3, 6, 12, 14)?

— **적용하기**

4. 그리스도와 함께 죽은 자에게 바울이 11-14절에서 적용하는 것은 무엇인가?

- 부정적 측면

- 긍정적 측면

5. "만일 내가 죄에 빠진다면, 그것은 내가 그리스도 안에서 누구인가를 깨닫지 못하기 때문이다." 이것이 바울의 메시지를 잘 요약한다고 생각하는가?

— 개인적 적용

비그리스도인이 죄를 짓는 것은 그들의 정체성에 맞는 행동이다. 그들이 죄를 짓는 일은 당연하기 때문이다. 그러나 그리스도와의 연합이 모든 것을 변화시킨다. 그것이 우리의 정체성을 변화시킨다. 그러므로 그리스도인이 죄를 지으면, 자신의 정체성을 거슬러 행동하는 것이다. 계속해서 죄를 짓겠는가? 그리스도와 함께 죽는 것이 당신의 정체성을 어떻게 달라지게 하는가?

삶의 어떤 영역에서 자신을 "죄에 대하여는 죽은 자요 그리스도 예수 안에서 하나님께 대하여는 살아 있는 자로 여기기가" 어려운가? 그리스도 예수의 정체성을 갖는 것이 그리스도를 위해 살도록 어떤 도움을 주는가?

— 성경 연구

▶ **로마서 6장 15-23절을 읽으라.**

6. 우리는 누구 혹은 무엇을 자유롭게 선택해서 섬길 수 있는가(16-18, 22)?

7. 바울은 두 가지 주인을 어떻게 비교하고 대조하는가?

- 19절

- 21-22절

- 23절

── **적용하기**

8. 그것은 다음과 같은 견해들에 어떻게 대답하게 도와주는가?

- "어떤 죄를 끊을 수가 없어요."

- "죄를 짓지 않기로 작정했고, 늘 다시 다짐하고 있어요."

- "비신자 친구들의 자유가 부러워요."

- "하나님이 내 안에 역사하셔서서 나를 변화시키시므로 나는 그냥 하나님
  이 다 하시게 두면 돼요."

― 성경 연구

▶ **로마서 7장 1-6절을 읽으라.**

바울은 하나님과 우리의 관계를 종의 이미지를 사용해 설명했다. 이제 바울
은 결혼의 이미지로 전환한다.

9. 결혼은 다음에 대해 무엇을 가르치는가?

- 신자와 율법의 관계에 대해

- 신자와 주 예수님과의 관계에 대해

10. 결혼은 어떤 면에서 자유를 구속하는가? 그러면서도 왜 합당한 결혼은 기쁨을 주는가?

- 이 성경 구절들은 예수님의 길로 살려는 이들에게 어떤 큰 동기를 부여해 주는가?

─ 적용하기

11. "은혜로 구원받은 이들이 하나님께 순종하기 위해 노력하는 이유는 무엇인가?" 이 질문에 다음 구절들로 답해 보라.

- 6:1-14

- 6:15-23

- 7:1-6

― 개인적 적용

만약 당신이 그리스도와 연합했다면, 당신은 하나님의 종이고 예수님과 가장 친밀한 관계에 있다.

현재 하나님께 순종하기가 어려운가? 그리스도 예수 안의 정체성을 통하여 불순종의 유혹을 받을 때 그리스도를 위해 살겠다고 스스로 동기부여 하겠는가?

― 기도하기

그리스도 안에서 가진 새 정체성에 대해 하나님께 감사하라. 당신이 하나님의 아들과 연합했다는 사실을 하나님과 함께 누리라.

　그리스도인의 정체성을 기억하고 태도와 행동으로 실행할 수 있게 해 달라고 하나님께 간구하라. 당신이 순종하기 어려운 영역에 대해서 기도하고 그리스도 안의 정체성으로 인해 기뻐하고 힘을 내게 해 달라고 간구하라.

7

내면의 전쟁(7:7-25)

내 안의 죄와 씨름하다

지금까지의 이야기

우리는 심판을 받아 마땅하지만, 하나님과 올바른 관계에 있을 수 있다. 예수님이 우리를 대신해 하나님의 심판을 받으셨기 때문이다. 참된 믿음은 그리스도 안에서 하나님의 약속을 신뢰하는 것이다.

의롭다하심을 받음은 하나님과의 화평, 하나님 앞에 나아감, 고난 중의 기쁨을 누릴 수 있다는 의미다. 그 모든 것은 우리의 대표자이신 그리스도께서 우리 대신 순종하셨기 때문이다.

우리가 하나님께 순종하는 것은 구원받기 위해서가 아니라, 우리의 정체성의 문제이다. 즉 우리는 그리스도와 연합했고, 하나님의 종이고, 예수님과 결혼했다. 왜 순종하지 않겠는가?!

1. 하지 않겠다고 결심했던 것을 한 적이 있는가? 무엇이 원인이었는가? 그 때 기분은 어땠는가?

― 성경 연구

▶ 로마서 7장 7-13절을 읽으라.

바울은 그리스도인이 율법에서 벗어났다고 가르쳤다(6절). 그렇다면 율법 자체가 나쁘고 죄악된 것인가(7절)? "그럴 수 없느니라"라고 바울이 말한다!

2. 율법의 목적은 무엇인가(7절)?

3. 우리가 율법을 읽을 때 죄는 무엇을 하는가(8-10절)?

9절에서 바울은 "전에 율법을 깨닫지 못했을 때에는 내가 살았더니"라고 말한다. 그것이 의미하는 바에 대하여 논란이 많다! 필시 그 의미는 다음과 같을 것이다.

살았다. 바울은 자신이 영적으로 살아 있고 하나님을 기쁘시게 하고 하나님이 자신을 받으셨다고 스스로 인식했다.

율법을 깨닫지 못했다. 바울은 율법이 요구하는 것이 무엇인지 깨닫지 못했다. 바울은 지켜야 할 많은 규칙들만 보았다. 율법이 요구하는 것은 순종하는 태도임을 이해하지 못했다. 율법의 진정한 요구를 몰랐기 때문에 본문 말씀처럼 바울은 율법과 떨어져(율법을 깨닫지 못함) 있었다.

4. 탐내지(즉 시기하지) 말라는 명령이 왜 바울을 죽였다고 생각하는가?(그리스도인이 되기 전의 바울은 율법을 외적으로 지키는 데 초점을 두었다는 것을 기억하며 답하라)

- 바울이 "탐내지 말라"는 계명을 진지하게 생각하자 무슨 일이 일어났는가(11절)?

― 더 깊이 알기

▶ **출애굽기 20장 1-17절을 읽으라.**

제2계명-제9계명을 돌아가며 읽으라. 하나님이 금하시는 잘못된 행동의 배후에 있는 내면의 죄악된 동기는 무엇인가?

― 적용하기

5. 당신의 삶에서 예를 찾아보고 나누라.

• 하나님의 법을 읽자 당신의 죄가 어떻게 드러났는가?

• 죄성이 당신이 하나님의 율법을 읽는 것을 이용하여 어떻게 죄를 짓도록 부추겼는가?

— 개인적 적용

당신은 율법이 마음의 죄를 드러내게 허락하는가? 당신은 율법을 더 읽거나, 율법을 더 묵상하거나, 율법이 당신에게 더 도전을 주게 할 필요가 있는가?

— 성경 연구

▶ **로마서 7장 14-25절을 읽으라.**

본문의 바울은 비신자나 신자 중에서 누가 죄와 씨름하는 것에 대해 말하고 있는가? 이에 대하여 많은 사람들이 심사숙고했지만 여전히 의견이 나뉜다. 나는 바울이 현재 그리스도인으로서 갖는 경험에 대해 얘기하고 있다고 생각한다. 본문에서 그는 하나님의 율법을 즐거워하고(22절), 자신이 잃어버려진 죄인이라는 사실을 알고(18절), 그리스도가 자신을 구원하신다는 것(24-25절)을 알기 때문이다.

6. 가장 깊은 곳의 진정한 바울의 모습은 어떠한가?

• 갈등이 생기는 이유는 무엇인가?

7. 바울은 자신에 대해 어떤 결론을 내리는가(24절)?

• 그것이 공정한 자기 평가라고 생각하는가? 왜 그런가, 혹은 왜 아닌가?

8. 어떻게 바울은 그런 비참함 가운데서도 소망을 잃지 않는가(24-25절)?

― **적용하기**

9. 바울이 그리스도인으로서 경험한 것이 우리에게 어떤 경고와 위로가 되는가?

18-19세기의 목회자인 찰스 시므온이 말했다. "내가 보기를 바란 두 가지가 있다. 하나는 나의 악함이고, 다른 하나는 예수 그리스도의 얼굴에 있는 하나님의 영광이다. 나는 그 두 가지를 같이 보아야 한다고 생각한다."

10. 찰스 시므온의 말이 바울의 태도를 어떻게 잘 요약해 주는가?

• 우리의 악함에 대해 "곤고하다"(24절)고 느끼지 못하게 막는 것은 무엇인가?

11. 본문을 읽고 다음에 답하라.

• 죄에 대해 안일한 그리스도인에게 어떤 도전을 주겠는가?

• 죄에 짓눌린 그리스도인에게 어떤 용기를 주겠는가?

— 개인적 적용

그리스도인의 마음속에는 두 가지의 힘이 있다.

- 가장 깊은 자아에는 하나님의 법을 사랑하는 마음이 있다.
- 하나님의 법을 미워하는 죄

당신 삶에서 이 두 가지가 가장 격렬하게 싸우는 곳은 어디인가? 당신이 그 영역에서 순종하는 것은 어떤 것인가?

그리스도인의 마음속에는 두 가지의 부르짖음이 있다.

- 자신의 곤고함
- 그리스도의 구조를 소망함

오늘 당신은 죄에 대해 더 정직해지고 자신을 평가하며 더 곤고해질 필요가 있는가?

오늘 당신은 미래에 그리스도가 당신을 구하실 것이고 죄 없는 세상에서 완전한 몸을 주실 것이라고 더 확신할 필요가 있는가?

ROMANS

8-16

PART 2

우리 안에
들어온 복음,
삶으로
확증되다

8

성령의 삶(8:1-13)

죄와 사망의 법에서
생명의 법으로

― **마음 열기**

1. 당신은 여유 시간에 무슨 생각을 하는가?

• 그것이 당신에 대해 무엇을 말해 준다고 생각하는가?

― 성경 연구

로마서 8장 1절을 읽으라.

로마서 8장 1절은 "그러므로"로 시작한다. 이는 우리가 지금 바울이 로마에 보낸 편지의 중간 부분을 본다는 것을 알려 준다.

2. 다음 구절들을 읽고서 바울이 8장 1절에서 하는 말이 무엇인지 이해하라.

- 1장 18-21절

- 2장 1-3, 5절

- 3장 9-11절

- 3장 21-26절

- 5장 1-2절

- 6장 5-7절

- 7장 21-25절

3. "결코 정죄함이 없나니"라는 말은 어떤 의미인가? 로마서 8장 1절을 당신의 언어로 풀어보라.

- 바울은 "결코 정죄함이 없나니"라고 말한다. 과거만이 아니라 현재나 미래도 그렇다. 그것이 중요한 이유는 무엇인가?

— 개인적 적용

그리스도 안에 있으면 더이상 정죄가 없다는 것을 잊으면 무슨 일이 일어나는가? 죄책감, 무가치함, 고통을 필요 이상으로 느끼게 될 것이다. 비판받을 때 방어적이 되고, 기도에 자신감이 없고, 두려워서 순종하게 된다. 그러나 그것을 기억하면, 우리가 용납되었다는 것을 알게 되고, 실망과 비판을 감당할 수 있고, 담대히 기도할 수 있고, 우러나는 감사와 사랑으로 순종하게 된다.

당신이 정죄받고 있거나 정죄받을 수 있는 것처럼 살기 쉬운 때는 언제인가? "결코 정죄함이 없다는" 것을 어떻게 기억해야 할까?

▶ **로마서 8장 14절을 읽으라.**

4. '생명의 성령'이 바울과 모든 그리스도인들을 위해 한 일은 무엇인가(2절)?

5. 율법이 할 수 없었던 것은 무엇이며, 이유는 무엇인가(3절)?

- 하나님은 어떻게 하셨는가?

— 적용하기

4절은 예수님이 겪으신 모든 것, 즉 그분의 성육신, 죽음, 부활이 우리를 성령의 능력 안에서 하나님의 율법의 의로운 요구대로 살게 하려는 것이었다고 말한다.

6. 그 진리가 우리에게 하나님의 뜻대로 살도록 동기부여 하는가?

— 성경 연구

▶ 로마서 8장 5-13절을 읽으라.

7. 5-8절은 다음과 같은 사람들에 대하여 무엇을 말하는가?

- 죄악 된 본성을 따라 사는 사람들

- 영을 따르는 사람들

8. 9-11절은 그리스도인에 대해 무엇을 말하는가?

9. 사람들은 어떻게 "죽고" "사는가"(13절)? 그것은 현실에서 어떻게 이루어지는가?

― **적용하기**
10. 어떻게 하면 성령이 바라시는 것에 생각을 고정할 수 있을까?

─ 더 깊이 알기

▶ **골로새서 3장 1-14절을 읽으라.**

- 바울의 말이 영적인 것을 생각하도록 어떻게 도와주는가?

- 그렇게 하는 것이 우리 생각과 삶에 어떤 영향을 줄까?

11. 본문은 몸의 잘못된 행실을 죽이라고 어떻게 동기부여를 해 주는가?

- 그렇게 하도록 어떻게 우리 자신에게 동기부여 하겠는가?

- 그렇게 하도록 어떻게 서로에게 동기부여 하겠는가?

— 개인적 적용

20세기의 캔터베리 대주교 윌리엄 템플이 말했다. "당신의 신앙은 당신이 혼자 있을 때 무엇을 하는가이다." 당신을 산만하게 하는 것이 없을 때, 당신의 생각이 가장 자연스럽고 자유롭게 흘러가는 곳, 바로 그것이 당신이 정말로 위해서 사는 것이다. 당신의 삶은 그 무엇이든 당신의 생각을 사로잡은 것에 의해 형성된다.

당신의 생각이 자연스럽게 흘러가는 곳은 어디인가? 그것이 당신에 대해 무엇을 말해 주는가? 본문의 어떤 진리를 이번 주에 당신만의 시간에 의식적으로 생각하겠는가?

— 기도하기

이제 그리스도 안에서 "결코 정죄함이 없다"라는 위대한 진리로 인해 하나님을 찬양하는 시간을 가지라.

당신 삶에 성령을 선물로 주신 하나님께 감사하라. 성령을 따라 행하기 어려운 부분이 어디인지 지금 하나님께 아뢰라.

마지막으로 기도 시간을 마치며 본문에서 한 구절을 선택해 읽고 그것에 담긴 진리로 인해 하나님을 찬양하라.

9

영광스러운 양자됨(8:14-39)

죄의 종에서
하나님의 자녀로

지금까지의 이야기

그리스도인에게는 결코 어떤 정죄도 없다. 그리스도인은 자유롭게 성령이 이끄시는 대로 살 수 있다. 우리는 복음을 생각함으로 죄에 저항한다.

― 마음 열기

1. 만일 당신이 유명한 가정에 입양될 수 있다면, 당신은 어느 가정을 선택하겠는가, 이유는 무엇인가?

> ▶ **로마서 8장 14-17절을 읽으라.**

2. 바울은 성령의 인도를 받는 사람들, 즉 그리스도를 믿는 사람들의 정체성을 어떻게 묘사하는가?

양자됨은 자동으로 되는 것이 아니다. 이것은 받는 것이다(15절). 바울은 하나님의 양자로 입양되는 것에 대해 말한다. 로마 사회에서는 상속자가 없는 부유한 성인이 어떤 사람을 상속자로 입양하는 일이 자주 있었다. 입양되면 모든 빚을 갚아서 청산해 주고, 새 이름을 갖고, 아버지가 소유한 모든 것을 상속할 수 있게 되고, 아버지를 공경하고 기쁘시게 할 새 의무를 갖는다. 이 모든 것이 이 본문의 배경에 있다.

3. 하나님의 양자가 될 때의 특권들은 무엇인가?

- 15절

- 16절

- 17절

— 적용하기

바울은 그리스도인은 "무서워하는 종의 영을 받지 아니하고 양자의 영을 받았다고" 말한다(15절).

4. 우리가 하나님을 단지 주인이 아닌 아버지로 알면 무엇이 달라지는가?

— 개인적 적용

"우리는 성령에 의해 '아빠 아버지'라고 부르짖는다"(15절).

이 진리가 어떻게

• 당신을 위로하는가? _____

• 당신을 기쁘게 하는가? _____

• 당신의 기도를 바꾸는가? _____

— 성경 연구

▶ **로마서 8장 18-25절을 읽으라.**

17절에서 바울은 그리스도의 고난에 동참할 것이고, 그분의 영광에도 동참할 것을 말한다. 그럴만한 가치가 있는가?

5. 바울은 이에 대하여 18절에서 어떻게 대답하는가? 그의 말은 단순히 "예, 그래요"라는 것보다 얼마나 더 강력한가?

6. 바울은 무엇이 예비되었다고 말하는가?

- 피조물을 위해

- 하나님의 자녀를 위해

7. 우리는 아버지를 대면할 날을 어떻게 기다려야 하는가?

- 23절

- 25절

— **적용하기**
8. 그렇게 하기 가장 어려운 때는 언제인가(즉 질문 7의 답)? 간절히 참으면 무엇이 달라질까?

— **성경 연구**

> ▶ **로마서 8장 26-39절을 읽으라.**

우리가 어떻게 기도해야할지 모를 때 성령이 우리를 도우실 것이다(26-27절). 그러나 바울은 그리스도인이 항상 알 수 있는 한 가지가 있다고 말한다.

9. 그리스도인이 항상 알 수 있는 것은 무엇인가(28절)?

- 29절에서 하나님이 자녀들을 위해 원하시는 선은 무엇인가?

─ 더 깊이 알기

바울은 로마서 8장 28-29절에서 말한 것을 어떻게 삶에서 실행하는가?

- 고린도후서 12장 7-9절

- 빌립보서 3장 10-11절

─ 개인적 적용

다음 각각의 영역에서 하나님이 어떻게 당신을 위해 모든 것이 합력하여 선을 이루셨는지 살펴보라.

- 좋은 일
- 나쁜 일
- 당신의 실패

각각의 상황이 어떻게 당신을 하나님께 대해 완악하게 할 수 있고, 반대로 하나님을 더 의지하고 그리스도를 닮게 할 수 있는지 생각해 보라.

우리의 환경을 바꾸는 것은 하나님에 대한 태도와 자세를 바꾸는 것만큼 중요하지 않다. 하나님을 향한 우리의 태도와 자세를 바꾸기 위해 어떤 노력을 해야 할까?

10. 29-30절의 각 동사가 무엇을 의미한다고 생각하는가?

─ 적용하기

11. 31-39절의 바울의 질문과 대답은 각각 다음과 같은 상황에서 어떻게 우리를 도울 것인가?

• 두려울 때(31절)

• 우리가 계속 믿음을 지킬 수 있을지 확신할 수 없을 때(32절)

• 죄책감에 시달릴 때(33-34절)

• 하나님이 우리를 사랑하시는지 의심될 때(35-39절)

12. 본문은 우리에게 무엇을 말하는가?

- 우리는 누구인가?

- 예수님을 주로 모시고 살 가치가 있는가?

- 하나님 아버지가 계신 본향으로 가는 도중에 우리가 길을 잃는다면 어떻게 하겠는가?

— **기도하기**

지금 당신의 아빠와 얘기하며, 성령께서 당신의 기도를 들어주시길 간구하라. 질문 2의 대답을 가지고 찬양과 감사를 드리라.

　지금 당신의 힘든 환경에 대해 하나님께 아뢰라. 하나님의 약속대로 그것들이 합력하여 선을 이루게 해 달라고 간구하라. 환경을 변화시키고 싶은 것보다 그리스도의 형상으로 변화하기를 더 원하게 해 달라고 기도하라.

10

하나님의 택하심은
무슨 의미인가

지금까지의 이야기

그리스도인에게는 결코 어떤 정죄도 없다. 그 대신 우리는 자유롭게 성령이
이끄시는 대로 살 수 있다. 우리는 복음을 생각함으로 죄에 저항한다.

하나님이 그리스도인을 자녀로 입양하시고 놀라운 특권들을 주셨다. 하나님
이 우리를 새 피조 세계로 데려가실 것이고, 우리를 위해 모든 것이 합력해 선
을 이루게 하신다.

1. 하나님의 택하심 혹은 선택의 개념이 당신에게 무엇을 의미하는가? 그것을 생각하면 어떤 기분이 드는가?

— **성경 연구**

▶ **로마서 9장 1-5절을 읽으라.**

2. 바울은 대부분의 유대인들이 예수님을 왕과 구원자로 받아들이기를 거부한 데 대해 어떻게 느꼈는가?

— **개인적 적용**

바울은 "어떻게든 나의 동포가 구원받기만 한다면, 나는 로마서 1-8장에서 말한 그리스도를 알 때의 모든 유익이라도 포기하겠다"라고 말한다.

9장 1-5절의 바울의 말에 담긴 정서가 어떻게 당신을 감동시키고 도전을 주는가? 당신은 다른 사람을 위해 근심과 고통으로 기도하고 적극적으로 복음을 나누어야 할 필요가 있는가?

로마서 8장에서는 확신이 점점 더 커져서 엄청나게 큰 확신이 된다. 그리스도인은 복음을 미리 안 바 되었고 영생을 얻도록 예정되었다. 그리스도인은 본향에 이르고야 말 것이다(30절). 아무것도 "우리를 우리 주 그리스도 예수 안에 있는 하나님의 사랑에서 끊을 수 없으리라"(39절).

그러나 이제 바울은 어떤 사람이 와서 이렇게 말하는 것을 상상한다. "잠깐만, 바울! 당신은 하나님이 사람을 부르시면, 반드시 본향으로 이끄신다고 했소. 그렇다면 유대인은 어떻소? 하나님이 유대인의 조상, 아브라함에게 상속자를 가질 것이고, 후손이 복 받을 것이라고 하셨지만(창 12:1-3, 15:1-6), 그의 후손 유대인은 예수님을 그리스도로 영접하길 거부했어요. 그렇다면 하나님의 부르심과 목적이 거절된 것이 아니에요?"

여기에 대한 바울의 대답은 하나님이 누구시고 어떻게 역사하시는지 깊이 있게 보여 준다.

▶ **로마서 9장 6-18절을 읽으라.**

바울은 하나님의 말씀, 즉 아브라함의 후손을 구원하고 축복하겠다는 약속이 폐하여지지 않았다고 말한다. 비록 이스라엘의 대다수는 예수님을 주로 영접하길 거절했지만 말이다(6절).

3. 하나님의 약속이 폐하여지지 않은 이유는 무엇인가(6, 8절)?

- 창세기 16장 1-4절, 15-16절, 17장 15-22절을 읽으라. 로마서 9장 6절의 진리를 아브라함의 자녀인 이삭과 이스마엘에게 일어난 일을 통하여 어떻게 볼 수 있는가?

왜 아브라함의 어떤 후손들은 하나님을 사랑하고 이스라엘에게 진실했던 반면, 어떤 후손들은 그렇지 않았을까? 바울은 이삭의 쌍둥이 아들인 에서(장자)와 야곱을 예로 들어 답한다. 이삭과 이스마엘처럼, 한 명은 하나님의 축복 약속을 상속했고, 다른 한 명은 그렇지 못했다.

4. 하나님이 리브가의 태중의 쌍둥이에 대해 하신 말씀은 무엇인가(12절)?

- 바울은 하나님이 에서가 아닌 야곱을 축복하신 이유에 대해 어떻게 말하는가?

- 11절

- 12절

- 하나님이 야곱을 택하신 긍정적 이유가 제시되었는가? 그것은 무엇
  인가?

질문은 "하나님께 불의가 있느냐"이다(14절). 왜냐하면 하나님이 어떤 사람은
택하고(야곱) 어떤 사람은 택하지 않으셨기 때문이다(에서). 이제 바울은 이스
라엘 역사의 출애굽 때, 즉 모세와 바로의 시대로 향한다.

5. 하나님이 긍휼히 여기시는 자는 누구인가(15절)?

- 구원은 무엇에 달려 있지 않은가(16절)?

실상 긍휼은 그 정의 상, 우리에게는 받을 자격이 없다. 긍휼은 어떤 사람이
마땅히 받아야 하는 것이 아니다. 어떤 사람에게만 긍휼을 베풀고 나머지 모

든 사람에게 긍휼을 베풀지 않으면 불공정하다고 말하는 것은 모든 사람이 당연히 긍휼을 받을 권리가 있다고 말하는 것과 같다. 그렇다면 그것은 긍휼이 아닐 것이다. 그것은 노력을 통해 얻은 것이기 때문이다. 하나님은 아무에게도 구원을 빚지지 않으셨으므로, 하나님이 자유롭게 선택하시는 대로 모든 사람을 구원하시거나, 일부를 구원하시거나, 아무도 구원하지 않으실 수 있다.

6. 자격이 없는 우리가 긍휼을 받았다는 진리는 하나님의 택하심에 대한 생각에 어떻게 도움을 주는가?

하나님은 모세에게 긍휼을 베풀기로 선택하셨고, 바로의 마음을 완강하게 하기로 선택하셨다. 바로는 긍휼을 받지 못했다(17-18절). 여기서 일어나는 일을 이해하려면, 출애굽기로 돌아가야 한다.

7. 출애굽기 4장 21절, 7장 3절, 10장 1절을 읽으라. 누가 바로의 마음을 완강하게 했는가?

• 출애굽기 8장 15, 19절, 9장 7, 34, 35절을 읽으라. 누가 바로의 마음을 완강하게 했는가?

이 모든 것이 다 맞다! 바울은 로마서 1장 24절에서 이미 이것에 대해 말했다. 사람들의 마음이 하나님을 거절하자 "하나님께서 그들을 … 내버려 두사" 하나님을 거절하기로 결정하게 하셨다. 하나님이 바로의 마음을 완강하게 하셨다는 것은 바로가 원하는대로 "바로를 내버려 두셨다는" 의미이다. 하나님은 바로가 선택한 것을 바로에게 주셨다. 그것은 완강한 마음이었다.

본문은 다음과 같다. 하나님이 원하시는 대로 사람들의 마음을 완강하게 하시는 분임을 말해 준다. 하나님이 마음을 완강하게 하시는 모든 사람들은 스스로 완강하기를 원했다.

▶ **로마서 9장 19-29절을 읽으라.**

8. 19-21절에서 우리가 기억해야 할 것은 무엇인가?

- 하나님에 대해

- 우리 자신에 대해

— **적용하기**

9. 로마서 9장 1-29절의 가르침은 우리에게 어떤 변화를 주는가?

- 하여금 하나님을 예배하게 하는가

- 겸손하게 하는가

- 비신자에 대해 희망을 갖게 하는가

- 천국에 갈 것이라고 확신을 주는가?

— **성경 연구**

▶ **로마서 9장 30절-10장 4절을 읽으라.**

10. 이스라엘은 노력으로 의를 획득하지 않았다. 그들은 노력해서 하나님과 올바른 관계에 있게 된 것이 아니다. 왜 그런가(9:30-10:3)?

- 4절에서 하나님과 올바른 관계가 되도록 하나님이 주신 길은 무엇인가?

11. 어떤 사람이 구원받는 데 대한 책임은 누구에게 있는가?

- 어떤 사람이 구원받지 않는 데 대한 책임은 누구에게 있는가?

12. 로마서 9장으로 다음 사항들을 그리스도인 친구에게 (최대한 간단하게) 어떻게 설명하겠는가?

- 하나님의 택하심은 무슨 의미인가

100

- 왜 택하심이 좋은 소식인가

— 개인적 적용

하나님의 택하심이란 "천국에 가는 사람은 찬양할 분이 오직 예수 그리스도 밖에 없다"(D. 제임스 케네디)는 것을 의미한다.

이것이 이번 주에 당신의 생각과 기도를 어떻게 달라지게 할까?

— 기도하기

본문은 하나님이 누구신지에 대해 당신에게 어떻게 용기를 주는가? 당신의 대답을 가지고 찬양의 기도를 드리라.

본문이 어떻게 당신에게 도전이 되거나 당신의 마음을 힘들게 했는가? 그것에 대해 지금 하나님께 기도하는 시간을 가지라.

본문이 비그리스도인 가족이나 친구를 위해 기도하도록 격려해 주었는가? 하나님께 그들에게 긍휼을 베풀어 주시도록 지금 간구하는 시간을 가지라.

11

복음과 이스라엘(10:5-11:36)

아직 믿지 않는 자들을 위해 울라

지금까지의 이야기

그리스도인에게는 결코 어떤 정죄도 없다. 그 대신 우리는 자유롭게 성령이 이끄시는 대로 살 수 있다. 우리는 복음을 생각함으로 죄에 저항한다.

하나님이 그리스도인을 자녀로 입양하시고 놀라운 특권들을 주셨다. 하나님이 우리를 새 피조 세계로 데려가실 것이고, 우리를 위해 모든 것이 합력해 선을 이루게 하신다.

하나님은 죄인을 구원하신다. 하나님은 과분한 긍휼을 베풀 자들을 선택하신다. 죄를 짓고 복음을 거절한 것에 대한 책임은 사람에게 있다.

— 마음 열기

1. 당신의 마음 깊은 곳에서 절대 그리스도인이 되지 않을 것이라고 생각하는 특정 사람들이나 집단이 있는가? 이유는 무엇인가?

— 성경 연구

▶ **로마서 10장 5-21절을 읽으라.**

2. 5절에서 모세가 말한 구원의 방식은 무엇인가? 그런 식으로 구원받으려 할 때의 문제는 무엇인가?

- 다른 구원의 방법에 대해 8절에서는 무엇을 말하는가?

- 바울이 구체적으로 언급하는 예수님의 죽음과 부활에 근거하는 다른 구원의 방법은 무엇인가(9-13절)?

3. 9-13절의 진리는 14-15절의 그리스도인에게 무엇을 하도록 이끄는가? 왜 그런가?

— **더 깊이 알기**

16-21절에서 바울은 원래 가졌던 질문으로 돌아간다. 왜 유대인들은 믿지 않았는가? 바울은 어떤 가능성을 제기하고, 또 그에 대해 어떻게 대답하는가?

- 18절

- 19-20절

- 21절에서 정답은 무엇인가

▶ 로마서 11장 1-16절을 읽으라.

1절에서 바울은 하나님이 옛 백성 이스라엘을 버리지 않으셨다고 말한다.

4. 하나님이 이스라엘을 버리지 않으셨다는 증거는 무엇인가?

- 현재(1절)

- 이스라엘의 역사(2-6절)

5. 이스라엘이 '넘어짐'으로(즉 복음을 거절해서) 일어난 일은 무엇인가(11-12절)?

• 이방인의 회심이 이스라엘에게 어떤 영향을 미쳤고, 그것이 바울 사역에 어떤 영향을 미쳤는가(11, 13-14절)?

바울은 이스라엘이 예수님의 복음에 대해 3단계를 거칠 것이라고 말한다.
1단계 거절: 복음이 이방인에게 전파된다(11-12절).
1단계 시기: 이방인들이 하나님께 축복받고 이스라엘은 그렇지 않은 것을 시기하여 일부 유대인들이 회개한다(13-14절).
3단계 영접: 미래의 단계에서는 많은 수의 유대인이 그리스도를 영접할 것이다(15절).

— **적용하기**
바울이 "이방인인 너희에게 말한다"(13절). 즉 이방인 교회들에게 주로 말한다.

6. 만일 당신의 교회가 주로 이방인이라면, 하나님이 구약의 이스라엘에게 시키신 일을 성취하며 살고 있는가? 어떻게 그렇게 할 수 있는가? 어떻게 더 그를 위해 노력하겠는가?

- 독실한 유대인이 당신의 교회를 보면 시기심이 나서 복음을 듣게 될 것인가?

— 개인적 적용

유대인이 회복 불가능할 정도로 실족한 것이 아니라면(11절), 다른 사람들 중에도 회복 불가능할 정도로 실족한 사람은 없다.

당신은 어떤 사람들이 하나님의 손 밖에 있고 하나님이 포기하셨다고 생각하는가? 그 생각과 태도를 어떻게 고칠 것인가? 당신이 받아 누리는 축복을 시기하는 이가 있는가? 당신이 그들이 갖지 않은 무엇을 가졌기 때문인까?

— 성경 연구

▶ **로마서 11장 17-32절을 읽으라.**

본문에서 감람나무는 하나님의 백성이다. 원 가지는 이스라엘이고 돌감람나무는 이방인이다.

7. 바울은 이방인 그리스도인이 무엇을 하고, 무엇을 하지 않기를 바라는가?

- 18-21절

- 22절

- 그들은 무엇을 믿어야 하는가(23-24절)?

8. 바울은 하나님이 이스라엘을 어떻게 보신다고 말하는가(28절)?

— **적용하기**
9. 이것은 우리가 유대인 비그리스도인을 어떻게 보게 하는가? 당신의 교회와 개인은 실제적으로 어떻게 달라져야 할까?

— **성경 연구**
▶ **로마서 11장 33-36절을 읽으라.**

10. 바울은 무엇에 대해 하나님을 찬양하는가?

11. 9-11장의 마지막에 바울이 찬양하는 것이 중요한 이유는 무엇인가?

— 적용하기

12. 9장 1-5절을 다시 읽으라. 그것을 11장 33-36절과 나란히 놓고 볼 때, 하나님이 절대주권으로 백성을 택하신다는 것을 알게 된 바울에게 어떤 영향을 주었는가?

- 우리는 로마서 9-11장에 어떻게 반응해야 할까?

— 개인적 적용

33-36절은 찬양이 하나님에 대한 진리 위에 세워진다는 것을 보여 준다. 찬양이 없다면 진리를 탐구하지 않은 것이다. 하나님을 찬양하기 위해 하나님에 대한 모든 것을 이해할 필요는 없다.

9-11장을 읽고 나서 무엇을 생각하고 씨름할 필요가 있는가? 진리를 이해하기 위해 씨름하면서도 하나님을 찬양하려면 어떻게 해야 할까?

— 기도하기

~에 대해 하나님께 감사하라.

~를 자백하라.

~에 대해 도움을 구하라.

12

너희 몸을
산 제물로 드리라

지금까지의 이야기

하나님이 그리스도인을 자녀로 입양하시고 놀라운 특권들을 주셨다. 하나님이 우리를 새 피조 세계로 데려가실 것이고, 우리를 위해 모든 것이 합력하여 선을 이루게 하신다.

　　하나님은 죄인을 구원하신다. 하나님은 과분한 긍휼을 베풀 자들을 선택하신다. 죄를 짓고 복음을 거절한 것에 대한 책임은 사람에게 있다.

　　하나님이 유대인과 이방인을 구원하려고 계획하셨다. 하나님의 택하심이라는 주권적 계획에 대한 올바른 반응은 하나님의 지혜와 능력을 찬양하는 것이다.

— **마음 열기**

1. 삶에 대한 그리스도인의 접근법을 한 문장으로 요약해 보라.

— **성경 연구**

▶ **로마서 12장 1-2절을 읽으라.**

2. 바울은 형제들 즉 동료 그리스도인들에게 무엇을 하라고 권하는가? 그것은 어떤 의미인가?

- 1절

- 2절

3. 바울은 이 구절들에서 그리스도인으로서 열심히 살아야 한다고 어떻게 동기 부여해 주는가?

4. 우리는 어떻게 그리스도를 예배하는가? 그것이 왜 기쁘기도 하고 도전이 되기도 하는가?

— 성경 연구

▶ 로마서 12장 3-8절을 읽으라.

믿음의 분량은 믿음의 양을 의미하지 않고, 믿음의 기준을 의미한다. 바울은 말한다. 모든 그리스도인은 그리스도께 구원받아야 함을 알았고, 그리스도께 구원받았다. 우리는 아무도 하나님께 사랑받을 자격이 없다. 하지만 은혜로 우리는 하나님께 완전히 사랑받는다.

5. 어떻게 믿음의 분량이 믿음의 기준을 의미한다는 말이 우리가 스스로를 지혜롭고 바르게 판단하도록 돕는가(3절)?

6. 또 우리는 자신을 어떻게 보아야 하는가(5-6절)?

- 하나님이 우리에게 주신 것으로 무엇을 해야 하는가(6-8절)

▶ **로마서 12장 9-21절을 읽으라.**

7. 이 구절들은 우리의 관계 속에서 '산 제물'이 되는 것이 무엇이라고 보여 주는가?

- 교회 안(9-16절)

- 교회를 박해하는 자들(17-21절)

▶ **로마서 13장 1-7절을 읽으라.**

8. 국가와의 관계에서 어떻게 하나님을 기쁘시게 할 수 있다고 말하는가? 말씀에서 살펴보라.

― **더 깊이 알기**
바울은 그리스도인이 국가가 무슨 명령을 하든 모든 상황 속에서 국가에 복종해야 한다고 말하는가?

▶ **마태복음 22장 21절을 읽으라.**

로마서 13장 7절에서 바울의 말은 마태복음 22장 21절의 예수님의 말씀과 같다. 예수님은 우리가 가이사(국가)에게 무엇을 주고, 무엇을 주지 말아야 한다고 말씀하시는가?

기억하라. 국가는 하나님의 종이지(롬 13:4), 하나님의 주인이 아니다. 그렇기 때문에 우리의 최우선적 충성과 복종을 받을 자격이 없다. 우리는 하나님을 예배하지, 하나님이 세우신 국가를 예배하지 않는다.

▶ **출애굽기 1장 17절, 다니엘 3장 4-6절, 6장 7절, 사도행전 5장 29절을 읽으라.**

이 성경 구절들은 그리스도인이 국가에 복종할 의무의 한계를 어떻게 보여주는가?

▶ **로마서 13장 8-14절을 읽으라.**

9. 8-10절은 우리로 하여금 주변 사람들을 어떻게 참으로 사랑할 수 있다고 말하는가?

- 그렇게 사랑하는 것은 왜 인기가 없는가?

10. 그리스도인은 사랑에 관해 어떤 관점을 가져야 하며, 비그리스도인과 어떤 차이를 가지는가(11-14절)?

― 적용하기

11. 이번 주에 당신은 어떻게 구체적으로 더 희생하며 살 수 있는가?

- 다른 교인에게

- 이웃에게

- 국가와의 관계에서

12. 어떻게 서로 그렇게 살도록 격려할까(특히 힘든 경우)?

─ 기도하기

십자가에 나타난 하나님의 자비를 그룹이 함께 바라보며 당신을 위해 하나님이 성취하신 것으로 인해 하나님을 찬양하라. 다음 각각에 대한 당신의 태도를 위해 기도하라.

* 자신
* 교회
* 국가와 사회

13

믿음이 약한 자와 강한 자(14:1-15:1)

다른 그리스도인들을
판단하지 말라

지금까지의 이야기

하나님은 죄인을 구원하신다. 하나님은 과분한 긍휼을 베풀 자들을 선택하신다. 죄를 짓고 복음을 거절한 것에 대한 책임은 사람에게 있다.

하나님이 유대인과 이방인을 구원하려고 계획하셨다. 하나님의 택하심이라는 주권적 계획에 대한 올바른 반응은 하나님의 지혜와 능력을 찬양하는 것이다.

하나님이 우리에게 자비하셔서 우리는 감사로 제사 드리는 삶을 산다. 그것은 우리가 자신을 어떻게 보고, 교회를 어떻게 사랑하고, 사회 속에서 어떻게 사는가를 변화시킨다.

1. 교회 안에서 피할 수도 있는 의견불일치와 분열을 일으키는 것은 무엇인가?

— 성경 연구

로마서 1-11장에서 바울은 복음을 설명했다. 우리는 오직 은혜로, 오직 믿음을 통해, 오직 그리스도 때문에 하나님 보시기에 의롭다하심 받는다. 우리가 복음을 충분히 이해하고(1-5장) 복음을 충분히 경험하면(6-8장) 그 결과는 감사와 기쁨이 충만한 사랑의 삶이 된다. 12-13장에서 바울은 그 사랑의 삶을 묘사하고 그 사랑의 삶이 우리의 관계를 어떻게 변화시키는지 묘사한다.

이제 14장에서 바울은 지금까지 말한 모든 것을 로마 교회 안의 특정 사례와 구체적 문제에 적용한다.

▶ **로마서 14장 1절 - 15장 1절을 읽으라.**

바울이 교회 안의 두 그룹인 약한 자들과 강한 자들에게 말한다.

2. 두 그룹 사이의 의견 차이는 무엇인가?

- 2-3절

- 5절

- 14, 20절

- 21절

3. 이것은 바울이 말한 "약한 자"와 "강한 자"의 의미를 어떻게 이해하게 하는가?

─ 더 깊이 알기
이 논란을 고린도 교회에 있었던 논란과 비교해 보는 것은 흥미롭다.

▶ **고린도전서 8장 1-13절을 읽으라.**

고린도 교인들의 쟁점은 무엇이었는가?

"약한 자"는 무엇을 걱정했고 "강한 자"는 무엇을 알았는가?

한편, 로마 교회에서는 약한 자와 강한 자가 어떻게 뒤바뀌었는가?

4. 약한 자와 강한 자는 서로를 어떻게 보는 경향이 있는가(3절)?

3-12절은 주로 바울이 약한 자의 태도를 비평하는 것인 한편, 13-21절은 주로 강한 자에 대해 다룬다.

5. 약한 자가 금기하는 것을 다른 그리스도인이 했다고 가정해 보라. 약한 자가 그것을 보고 다른 그리스도인을 정죄할 때, 바울은 약한 자가 무엇을 잊고 있다고 지적하는가?

- 1절

- 3절

- 4절

- 5-8절

- 10-12절

— 적용하기

6. 우리가 다른 그리스도인의 행동을 판단하게 될 때, 바울은 우리에게 무엇을 생각하고 행동하라고 가르치는가?

— 개인적 적용

당신은 모든 문제를 논란이 있는 불확실한 사안으로 보는 편인가, 아니면 그 반대인가?
당신은 자신이 어떤 영역에서 약한 신자인 것을 깨닫는가? 만일 그렇다면, 당신이 잊기 쉬운 것은 무엇인가? 어떻게 당신의 위치를 겸손히 살펴보겠으며, 당신이 믿는 바에 동의하지 않는 사람들을 어떻게 바라보아야 겠는가?

7. 강한 신자의 우선순위는 무엇인가(13절)?

바울은 고기를 먹는 문제를 사용해서 자신의 의중을 설명한다. 바울은 강한 신자다. 그는 어떤 고기도 부정하지 않다는 것을 안다. 그는 무엇이든 원하는 대로 먹을 수 있다. 그러나 그는 그러지 않을 것이며, 로마의 강한 그리스도인들도 그러지 말아야 한다.

8. 왜 그러지 않아야 하는가(14-21절)?

바울은 그리스도인의 양심이 어떤 것을 하지 말라고 할 때가 있다고 말한다. 그것이 하나님의 말씀에 저촉되지 않더라도 말이다.

9. 행동 자체가 잘못이 아닌 것을 그리스도인이 행한다면 무엇이 문제인가?

10. 15장 1절은 강한 그리스도인의 우선순위를 어떻게 요약해 주는가?

— **적용하기**

11. 바울은 우리가 어떤 것을 할 자유가 있음을 아는데 다른 그리스도인이 잘못이라고 생각하면, 어떻게 생각하고 행동해야 한다고 가르치는가?

12. 교회에서 바울의 말을 적용해야 할 "논란이 있는 불확실한 의견들"은 무엇인가?

— **개인적 적용**

사람들 의견이 분분한 쟁점에 있어서 당신은 강한 그리스도인인가?

당신은 어떻게 자신의 자유를 제한하여 약한 신자를 돕고, 당신 자신의 즐거움이나 편안함을 추구하지 않겠는가? 약한 형제자매를 사랑하려는 동기를 어떻게 복음에서 얻겠는가?

당신이 어떤 면에서 약한 신자인지 보여 달라고 하나님께 간구하라.

당신이 동료 그리스도인을 정죄하는 태도를 가졌다면 자백하라.

사랑이 넘치는 강한 신자가 되게 해 달라고 필요할 때마다 하나님께 간구하라.

당신의 자유를 사용하여 다른 그리스도인을 세우고자 하니 지혜를 구하라.

당신의 교회가 복음 안에서 연합됨으로써 논란이 있는 불확실한 사안을 경건하게 다루게 해 달라고 기도하라.

14

복음을 나누고
사람들을 복음 안에 세우며

지금까지의 이야기

하나님은 유대인과 이방인을 구원하려고 계획하셨다. 하나님의 택하심이라는 주권적 계획에 대한 올바른 반응은 하나님의 지혜와 능력을 찬양하는 것이다.

자비하신 하나님으로 인해 우리는 감사로 제사 드리는 삶을 산다. 그것은 우리가 자신을 어떻게 보고, 교회를 어떻게 사랑하고, 사회 속에서 어떻게 사는가를 변화시킨다.

나와 다른 행동을 하는 그리스도인들을 판단하지 말아야 한다. 그리고 우리가 자유롭게 할 수 있는 것을 하지 않는 다른 그리스도인들을 배려해야 한다.

1. 효과적인 복음 사역은 무엇을 포함하는가?

─ 성경 연구

> **▶ 로마서 15장 1-13절을 읽으라.**

2. 1-2절에는 어떤 윤리적 원칙이 있는가?

- 예수님은 어떤 면에서 삶의 위대한 모범이신가(3절)?

3. 3-4절에서는 성경이 삶과 교회에서 어떤 역할을 해야 한다고 가르치는가?

4. 5-13절에서 바울은 교회만의 특별한 연합에 대해 말한다. 5-7절은 그리스도인의 연합이 어떻게 이루어진다고 말하는가?

5. 1-2절의 원칙이 당신의 다음 영역에 어떻게 적용될까?

- 재정

- 관계

- 어디에 살지 선택할 때

— 개인적 적용

로마서 15장 1절의 원칙은 포괄적이다. 삶의 모든 영역, 만나는 모든 사람에게 적용되기 때문이다. 당신에게 구체적으로 어떻게 적용되어야 할까? 당신이 바꾸거나 해야 할 것이 있는가?

바울의 사역과 로마서에 나타나듯이, 우리가 어떻게 살아야하는가에 대한 동기와 모범은 예수 그리스도이다. 어떻게 복음으로 삶이 변화되어 자신을 기쁘게 하기보다 사람들을 섬기겠는가?

― 성경 연구

> ▶ 로마서 15장 14-24절을 읽으라.

6. 우리는 여기서 바울의 복음 증거 사역에 대해 무엇을 배울 수 있나?
- 오늘날 모든 그리스도인에게 적용되는 것은 무엇인가?

― 더 깊이 알기

> ▶ 데살로니가전서 2장 1-12절을 읽으라.

이 본문에서 효과적인 전도와 교회 리더십에 필요한 것은 무엇인가?

이러한 종류의 총체적 삶과 희생적 사역의 동기가 된 것은 무엇인가(4, 6절)?

> ▶ 로마서 15장 23-33절을 읽으라.

7. 바울은 교회 개척 선교사로 부름을 받았다. 그런 가운데서도 바울이 예루살렘의 가난한 교회들을 위해 모금하고 또 모금한 돈을 전달할 시간을 가졌다는 사실이 놀라운 이유는 무엇인가?

- 바울은 로마의 그리스도인들에게 어떻게 헌금에 대한 동기부여를 하는가?

8. 어떻게 로마의 그리스도인들이 바울의 수고에 동참할 수 있는가(30절)? 왜 그것이 기쁜가?

▶ 로마서 16장 1-24절을 읽으라.

9. 1-23절은 초대교회의 삶을 보여 준다. 본문은 다음 각 항목에 대해 무엇을 말해 주는가?

- 여성 사역에 대해

- 교회의 다양성에 대해

- 교회의 구조에 대해

- 교회가 당면한 위험에 대해

10. 이 두 장에 나타난, 교회가 참여해야 할 다양한 사역들은 무엇인가?

당신이 본 것으로 당신의 교회와 자신을 평가해 보라.

— 성경 연구

▶ 로마서 16장 25-27절을 읽으라.

11. 이 놀라운 서신서의 마지막 부분이다. 여기서 로마서의 주제 몇 가지를 어떻게 요약하고 있는가?

— 적용하기

12. 지난 일곱 과에서 로마서 8-16장을 공부한 시간을 돌아보라. 그 말씀을 통해 주께서 당신을 격려하신 것, 당신의 교회를 격려하신 것을 하나씩 선택하라.

- 주께서 당신에게 주신 도전, 당신의 교회에 주신 도전을 각각 하나씩 선택하라.

― 개인적 적용

로마서 후반부의 감동과 도전 속으로 성령님이 당신을 어떻게 변화시키셨는가? 어떻게 당신을 계속 변화시켜 달라고 성령께 간구하겠는가?

― 기도하기

12번 질문에 대한 당신의 대답과 (만일 그러고 싶다면) 위의 개인적 적용에 대한 당신의 대답을 나눈 후 그것을 위하여 그룹이 함께 기도하라.

ROMANS

1-16

PART 3

인도자
지침서

소그룹
인도자들을 위한
가이드

성경공부 인도는 양 떼를 모는 것과 같다. 본문에 대한 각자의 생각이 다를 수
있고, 탐구하고 싶어 하는 것이 다를 수 있다. 좋은 리더는 토의에 있어서 심
판 이상의 역할을 한다. 리더가 할 일은 다음과 같다.

- 성경 본문을 정확하게 이해하고 다룬다.
- 소그룹원들이 성경 본문을 정확히 이해할 수 있도록 격려하고 훈련
  한다. 단순히 성경 지식을 전달하기만 하지 말라.
- 모든 소그룹원이 그날의 말씀을 제대로 이해하고 자신의 것으로 만
  들 수 있도록 독려하라.
- 그룹이 배우고 토의한 것이 기도와 삶의 적용으로 이어질 수 있도
  록 도우라.

리더로 섬기는 소그룹을 가장 잘 아는 사람은 당신이다. 만약 소그룹원들이 주로 차분하고 조용한 사람들이라면, 적용하기에 많은 시간을 할애하는 것이 좋다. 제한된 시간이라면 더 깊이 알기를 건너뛰거나, 집에서 생각해 보게 할 수 있다.

만약 성경공부에 대한 갈급함을 느낀다면 상황에 따라 과제를 추가할 수 있다. 리더가 필요에 따라 응용하거나 선택할 수 있다.

리더 가이드의 내용은 무엇인가?
리더 가이드는 본문의 주요 학습 요점과 적용이다. 각 과의 리더 가이드는 질문에 대한 답을 안내해 줄 뿐 아니라, 다음의 중요한 요소들을 담고 있다.

목표
한두 가지의 핵심 문장들로 구성되어 있으며, 그 과의 요점이 제시된다. 성경공부를 마칠 때 사람들의 머릿속에 확실히 남아야 할 문장들이다. 토의가 다른 방향으로 흐른다면 큰 개념으로 돌아가야 한다.

개요
본문의 개관으로 유용한 역사적 배경 정보를 담고 있다.

한 걸음 더 나아가기
성경공부의 주제와 관련된 도입 활동이다. 과를 시작할 때 자연스러운 분위기를 만들 수 있도록 돕는다. 한 주 동안 소그룹원들이 해야 할 과제일 수도 있다.

이 '인도자 지침서'의 다양한 요소들을 살펴보자.

마음 열기
소그룹원들의 의견이나 경험을 기반으로 한 토의 질문으로 시작한다. 성경공부의 주제는 소그룹원들이 전반적으로 관심을 갖고 생각하고, 말하도록 준비되었다.

성경 연구
성경공부에서 알아야 할 첫 번째는 성경 본문에 대한 이해다. 성경 연구는 이를 위한 질문들로 구성되어 있다. 이때 주의해야 할 것은 소그룹원들이 자신의 경험이나 이미 알고 있는 것에 근거해 대답하고 성경 본문을 살피지 않을 수 있다는 점이다. 성경을 보지 않고 성경공부를 하는 일이 흔히 일어난다. 질문에 답을 잘 모를 때 리더 가이드가 길을 찾아 준다. 리더 가이드를 살펴보고 알맞은 방향으로 소그룹을 이끌라. 이때 소그룹원들에게 답을 읽어 주라는 것이 아니다. 가장 이상적인 방법은 소그룹원들이 성경에서 스스로 답을 찾는 것이다.

더 깊이 알기
일반적으로 이 질문들은 성경 본문과 관련된 사항들이다. 본문이 성경 전체의 큰 그림과 어떻게 부합되는지 보여 준다. 더 깊이 알기는 상황에 따라 선택해야 진행할 수 있다. 시간이 충분할 때 이용하기를 권한다.

적용하기
특별히 적용에 많은 시간을 할애하기를 바란다. 주로 성경공부의 마지막 단계에 적용이 있다. 그러나 인도자 지침서에서는 적용하기를 성경 연구와 결합시켰다. 적용하기는 선택 가능한 사항이 아니라. 이 성경공부의 주된 목적임을 소그원들에게 알려 주어라. 성경공부의 이유는 하나님 말씀을 듣고 삶이 변화되기 위함이다. 그렇기 때문에 적용이 결여된 성경공부는 소기의 목적을 달성하지 못하는 것이다.

적용하기의 질문들은 성경을 통해 배울 수 있는 실제적 교훈들을 이끌어낸다. 지금까지 배운 것들을 돌아보고, 교회와 삶에서 일으킬 수 있는 실제적인 변화에 대해 생각해 볼 수 있다. 이때 소그룹원들은 개인적으로 깨닫게 된 것을 나눌 수 있는 기회를 갖는다.

개인적 적용

이 부분은 집에서 혼자 할 수도 있지만, 성경공부 중 각 사람이 삶에서 적용할 수 있는 부분을 구체적으로 생각하고, 기도하는 조용한 성찰의 시간을 갖는 것도 의미가 있다. 다음과를 시작하기 앞서 이번 과에서 적용 가능한 사항을 소그룹원들과 나누는 시간을 가지라. 모든 소그룹원들이 적용을 우선순위로 삼을 수 있도록 격려과 도전을 아끼지 말라.

기도하기

기도는 성경 본문에서 배운 것을 기반으로 둔다. 하나님이 성경을 통해 말씀하신 것에 진실하게 응답하여 기도하는 것 만큼 귀한 시간은 없다.

1. 하나님의 의(1:1-17)
복음에 빚진 자

— 목표

복음은 예수님에 대한 이야기이다. 즉 예수님이 우리에게 계시하시는 하나님의 의, 우리가 예수님을 통해 받을 수 있는 하나님의 의에 대한 것이다. 복음은 복음을 나누기를 갈망하게 하고 복음을 부끄러워하지 않게 한다.

— 개요

이 본문은 바울의 자기 소개(1-5절), 바울이 로마의 교회에 편지를 쓰고 방문하기 원하는 이유들(8-15절), 바울이 말하는 복음의 개요다.

- 복음은 누구에 대한 것인가(2-4절)
- 복음은 무엇을 하는가(16절)

- 복음이란 무엇인가(17절)

로마서 1장은 복음에 대한 것이다. 바울은 복음을 위하여 "택정함을 입었으니"라고 말한다(1절). 바울은 이방인들에게 복음을 전하기 위해서 존재했고(5절), 복음으로 그리스도인들을 격려하기 위해 로마를 방문하기 원했으며(11-15절), 복음을 부끄러워하지 않고 나누기를 열망했다(15-16절).

17절은 이하 구절의 핵심으로, 우리에게 하나님의 의가 드러난 복음을 소개한다. 다시 말해서, 복음은 우리를 하나님의 존전에서 꺼릴 것이 하나 없는 의로 이끄는 길이다. 복음은 단순히 용서가 아니라, 흠 없는 자로 여김을 받는 것이다.

＊주의: 17절은 "하나님의 의"(righteousness of God)로 번역될 수 있다 (즉 우리는 복음 안에서 하나님의 완전함과 거룩함을 본다). 또는 "하나님으로부터의 의"(righteousness from God)로도 번역될 수 있다(우리는 복음 안에서 하나님과 올바른 관계가 되는 길을 발견한다). 둘 다 맞다. 복음은 하나님이 의로우시다는 것과 믿는 모든 사람에게 그 의를 주신다는 것, 두 가지를 선포한다.

— 한 걸음 더 나아가기
복음에 대한 '마인드맵'을 함께 그리라. 큰 종이의 한 가운데에 복음을 쓰고, 떠오르는 단어나 문장을 소그룹원들에게 말해 보라고 하라. 원한다면, 일곱 번의 로마서 성경공부를 하는 동안, 이 마인드맵으로 돌아와서, 그것을 언급하거나 내용을 추가할 수 있다.

— 질문 길라잡이

1. 기독교의 메시지를 한 문장으로 말한다면 무엇일까?

소그룹원들과 토의하기 전에 먼저 자신의 답을 적도록 격려하라. 질문에 답하기 어렵다면 9번 질문 후에 이 문제로 다시 돌아와도 된다. 기독교의 메시지에 대한 정확한 요약이나 공식은 하나 이상일 수 있다는 점에 유념하라!

2. 바울은 자신과 삶을 어떻게 보았는가(1, 5절)?

바울은 '예수 그리스도의 종'(1절), 즉 권위 아래 있는 사람이다. 그는 사도로 부르심을 받았다. 즉 그는 '보내심을 받은 자'이다. 그것은 바울이 스스로 선택한 일이 아니다. 바울은 이를 위하여 부르심을 받았다. 그는 "복음을 위하여 택정함을 입었다"(1절). 택정함을 입다(Set apart)는 '다른 모든 것으로부터 분리되다, 구별되다'를 의미한다. 바울은 위대한 복음의 부르심에 충성하고자 모든 것으로부터 분리되었다. 바울의 구체적인 역할은 "모든 이방인 중에서부터 사람들을 불러내는" 것이다(행 9:15 참조).

3. 처음 여섯 절이 '복음'에 대해 우리에게 무엇을 말해 주는가?

- 2절: 복음의 기원. 복음은 새로운 것이 아니다. 구약은 전부 복음에 대한 것이다.
- 3-4절: 복음의 주제. 복음은 예수님을 중심으로 한다. 복음은 전부 '그의 아들에 관한' 것이다. 복음은 온전히 예수님에 대한 것이다. 예수님은 인간이고(3절), 하나님께서 다윗에게 약속하신 대로 영원한 왕이며(3절, 삼하 7:11-16 참조), 신성한 하나님이다(롬 1:4).
- 5-6절: 복음의 결과. 복음은 하나님께 순종하게 하고(질문 4 참조), 우리를 예수님께 "속하게" 한다.

4. 참된 믿음의 결과는 무엇인가(5절)? 그렇게 생각한 이유는 무엇인가?

복음은 그리스도께 순종하고 신뢰하도록 우리를 부른다.

로마서 전체가 순종과 신뢰의 의미를 설명한다. 그러나 구원을 위해 반드시 순종해야 하는 것은 아니다. 순종은 믿음의 결과이지만, 구원을 위한 필수조건은 아니다. 단지, 참된 믿음은 순종을 동반한다. 복음은 예수님이 약속된 왕이고 부활하신 하나님의 아들이며, 그분의 통치 아래에 구원이 있다는 선언이다. 따라서 참된 믿음은 하나님을 믿으며 우리가 그분의 종임을 선포하는 것이다(1절). 믿음은 우리가 하나님께 즐겁게 순종하도록 이끈다.

5. 바울은 누구에게 편지를 쓰고 있는가(7절)? 그들을 어떻게 묘사하는가?

로마의 그리스도인들, 하나님의 사랑하심을 받는 자들, (차별되고, 거룩하고, 구별된) 성도로 부르심을 받은 자들, 그래서 하나님으로부터 오는 은혜를 누리고 하나님과 평화를 누리는 자들에게 편지한다.

- **바울은 그들을 위해 어떻게 기도하는가(8-10절)?**

  그들의 믿음에 대해 하나님께 감사한다(8절). 그들을 위해 꾸준히 기도한다. 그들을 방문할 수 있기를 기도한다(10절).

  우리의 기도 생활을 위하여 배울 수 있는 점은 무엇인가?

- **바울이 그들을 방문하기 원하는 이유는 무엇인가(11-13절)?**

  바울 자신의 영적 은사(즉 설교하고 목양하는 그의 능력)를 사용하여 그들의 믿음을 격려하기 원한다. 더불어 그들의 믿음으로 인해 격려받기를 원한다. 바울은 "너희 중에서도 … 열매를 맺게 하려 함이로되". 교회 안의 성장과 성숙이라는 열매와 교회 밖의 전도와 회심이라는 열매를 의미한다.

6. 오늘날 그리스도인들은 어떻게 서로를 격려할 수 있는가?

함께 시간을 보낸다. 즉 시시때때로 교제하기를 힘쓴다. 이 만남이 서로에게 격려가 되려면 기억해야 할 것이 있다. 우리가 보내는 시간은 예수님이 하나님의 아들이고 능력으로 부활하셔서 능력으로 다스리는 분이심을 (우리처럼) 아는 사람들과 함께하는 시간이다. 우리는 다른 사람들의 믿음과 순종을 보며 격려를 받는다. 서로를 위해 은사를 사용할 것이다. 그리하여 우리는 함께 모이고, 격려하고, 격려받기를 기대함으로써 서로를 격려할 수 있다.

7. 바울은 복음에 대해 어떻게 느끼는가(15절)? 또 어떻게 느끼지 않는가(16절)?

바울은 복음을 전하기를 원하고 부끄러워하지 않는다.

- **사람들이 복음에 대하 바울과 다른 관점을 갖는 이유는 무엇인가?**

  네 가지로 답할 수 있다. 첫째, 복음은 영적 실패자인 우리가 구원을 얻을 수 있는 유일한 방법이다. 그러나 도덕적, 종교적인 사람들은 스스로 덜 도덕적이고, 덜 종교적인 사람들보다 복음을 선물로 받기 유리하다고 생각하기 때문에 바울의 관점을 불쾌하게 여긴다. 둘째, 복음은 악한 인간이 오직 하나님 아들의 죽음에 의해서만 구원을 얻을 수 있음을 말함으로서 모욕감을 준다. 이는 자기표현의 문화와 인간의 내재적 선함을 믿는 현대인들의 인식을 거스르는 것이다. 셋째, 바울은 '선함'(착한 행실)로 구원을 얻을 수 없다고 말한다. 이는 마찬가지로 자신의 선한 행위로 하나님을 발견할 수 있다는 현대인들의 개념을 거스른다. 인간에게는 자율성을 잃고 싶지 않은 본성이 존재하기 때문이다. 넷째, 바울은 구원이 예수님의 십자가 고난과 섬김(헌신)으로 성취되었다고 말한다. 그렇기 때문에 예수님을 따르는 참 제자는 그분과 함께 고난을 당하고, 섬겨야 한다. 이는 좀 더 쉽고 편한 삶을 원하는 사람들에게 반감을 불러일으킨다.

8. 왜 바울은 부끄러워하지 않는가(14, 16절)?

16절을 먼저 보는 것이 좋다. 복음은 하나님의 능력이다. 복음이 선포되면, 하나님이 능력으로 역사하신다. 복음은 사람들을 세워 주고, 변화를 일으킨다. 복음을 인격적으로 받아들이면, 그것은 생각이나 철학에 그치지 않는다. 복음은 나와 타인을 변화시킨다. 바울은 복음에는 부끄러워할 것이 하나도 없고, 복음으로 인해 기뻐할 것들만 있다는 것을 알았다. 또한 복음은 "구원을 주시는" 하나님의 능력이다. 즉 복음은 우리를 구원하고, 우리를 하나님과 화목하게 하고, 하나님 나라를 영원히 보장한다. 그것은 모든 사람(유대인과 이방인)에게 필요하고, 모든 사람이 신뢰할 수 있는 메시지다.

14절에서 바울은 전하는 복음 메시지에 '빚진' 혹은 '책임이 있는', '매인' 자이다. 바울은 복음을 아직 듣지 못한 자들에게 빚을 졌다. 왜냐하면 하나님이 우리에게 복음 전파의 사명을 주셨기 때문이다.

9. 17절에서 바울이 정리한 기독교의 메시지를 당신의 언어로 표현해 보라.

각 사람마다 다양하게 요약할 수 있다. 여기서 핵심 단어는 '의'이다. 이는 빚진 것이 없는 떳떳한 상태를 의미한다. 이제 당신은 모든 사람에게 받아들여질 수 있다.

또한 '하나님의 의'를 '하나님으로부터의 의'라고 설명할 수 있다. 복음은 흠이 없으신 하나님의 모습을 우리도 동일하게 갖게 한다. 구원은 우리의 의를 하나님께 드려 얻는 것이 아니다. 우리가 하나님으로부터 의를 받는 것이다. 따라서 복음을 이렇게 요약할 수 있다. "복음으로 하나님은 완전히 의로운 이력을 우리에게 주시며, 우리는 그것을 오직 믿음으로 받을 수 있다."

— 더 깊이 알기

복음은 누구를 위한 것인가(14, 16절)? 왜 바울이 이 진리를 강조한다고 생각하는가?
헬라인과 비헬라인, 지혜 있는 자나 어리석은 자(14절), 유대인과 이방인(16
절), 즉 모든 사람이며, '높거나' '낮거나', '종교적'이거나 '비종교적'이거나 상관
이 없다. 바울은 복음이 일부 특정한 사람들(소위 엘리트)만을 위한 것이 아니
라는 점을 강조한다.

이 복음은 누구를 구원하는가(16-17절)?
믿음으로 의를 받는다고 믿는 모든 사람을 구원한다.

만일 우리가 이런 것을 잊는다면 무슨 일이 일어나는가?
- 복음 메시지의 무제한성을 잊으면?
  우리는 어떤 사람은 너무 악해서 하나님이 구원하지 않으실 것이라고 생
  각하거나, 어떤 사람은 너무 고집이 세서 하나님이 구원하실 수 없을 것이
  라고 생각하게 될 것이다. 그래서 우리는 특정한 사람들에게는 복음을 나
  누지 않게 될 것이다.

- 믿음으로 의를 받고 구원에 이른다는 진리를 믿지 않는다면?
  우리는 안일해져서 복음을 전하지 않고, 특정 유형의 사람들(혹은 모든 사
  람들)은 복음을 믿지 않더라도 하나님께 받아들여질 수 있다고 생각할 것
  이다.

당신은 어느 것을 잊기가 더 쉬운가?

10. 17절 끝부분은 그리스도인의 삶에 대해 우리에게 무엇을 일깨워 주는가?
그리스도인은 오직 '믿음으로' 산다. 그리스도인의 삶은 믿음으로 시작해서

자신의 행위로 지속하는 것이 아니다. 완전한 의는 오직 받아들이는 것이므로, 우리가 그리스도인의 삶을 시작할 때 믿음으로 하나님의 의와 구원을 받는다. 그리스도인의 삶도 이와 같다.

11. 14-17절은 다음에 대해 우리에게 무엇을 가르쳐 주는가?

- **복음의 빚에 대해?**

  우리는 복음을 나눌 의무가 있다. 예를 들어, 어떤 사람이 100달러(10만 원)의 빚을 질 수 있는 방법을 생각해 보자. 내가 당신에게 100달러를 주면, 당신은 나에게 빚진다. 또는 내가 당신에게 100달러를 주고 나서 그 돈을 다른 사람에게 주라고 요청할 수 있다. 그러면 이제 당신은 그들에게 100달러를 돌려 주기 전까지 그들에게 빚진 자이다. 마찬가지로 하나님이 우리에게 복음을 주시고 그것을 다른 사람들에게 전하라고 하신다. 그러기 전까지 우리는 그들에게 빚을 진 사람이다. 복음은 우리에게 복음을 나눌 의무를 준다.

- **복음의 능력에 대해?**

  복음은 하나님의 능력이다. 복음은 사람들을 변화시키고, 사람들이 복음을 듣고 받아들일 때 역사한다.

- **복음의 내용에 대해?**

  복음은 예수님에 대한 것이다. 즉 어떻게 예수님 안에서 하나님의 완전하심(의)을 우리가 보고, 제공받고, 믿음으로 받아들이는가에 대한 것이다.

- **왜 이 중의 어느 것이라도 잊으면 복음을 말하지 않고 침묵하게 되는가?**

  우리는 복음을 나누는 것을 다른 사람들의 일로 여긴다. 우리는 복음을 나누는 것이 무슨 소용인지 의심한다. 우리는 복음이 얼마나 놀랍고 필요한지 잊는다.

12. "오직 의인은 믿음으로 말미암아 살리라"라는 복음 메시지를 우리가 잊는 이유는 무엇인가?

모든 죄, 모든 문제의 뿌리에는 복음에 대한 불신과 거절이 포함되어 있다. 부도덕한 사람이든 도덕적인 사람이든 자신이 스스로 구원자가 되려고 하면 복음을 거절한다.

방탕한 사람들은 죄악으로 가득해 오직 예수님만이 구원자 되심을 믿기를 거부한다.

도덕주의적인 사람들이 종교와 도덕을 기준으로 삼아 (결코 기준에 도달하지 못한다는 것을 알기 때문에) 불안하거나 혹은 (기준에 도달했다고 생각하기 때문에) 교만할 때, 오직 예수님만이 그들의 구원자 되심을 거부한다.

그리스도인이 범죄하는 것은 스스로를 구원할 수 없고 오직 예수님만 구원자 되심을 잊기 때문이다. 우리가 냉소적이 되는 것은 오직 은혜로 온전히 구원되었음을 잊었기 때문이다. 어떻게 은혜를 막을 수 있는가? 실패의 두려움 때문에 과도하게 성취 지향적이 되거나, 이미 실패했기 때문에 낙심한다면, 그것은 우리의 행위로 의를 획득할 수 없고, 하나님이 보시기에 우리가 의롭다는 것을 잊은 것이다.

2. 의로움의 갈망(1:18-2:29)

왜 모든 사람에게 복음이 필요한가

— 목표

하나님의 진노가 모든 사람에게 나타나고 있으며 앞으로도 나타날 것이다. 종교적인 사람들은 다른 사람을 판단하면서 자신도 똑같이 행동한다.

— 개요

이제 바울은 왜 우리가 하나님의 의를 믿음으로 받아야 하는지 설명한다. 답은 하나님의 진노가 임하기 때문이다. 하나님의 진리를 억압하는 사람들의 불경건함에 대한 하나님의 진노는 현재 진행형이다. 우리가 하나님을 대신하여 예배하는 것들은 하나님이 우리를 '내버려 두신, 내어 주신' 결과이다. 즉, 우상숭배는 하나님의 진노의 원인이며 결과이다. 우리는 하나님이 아닌 피조물을 예배하고는 한다(21-23절). 그러나 그것은 우리에게 만족을 주지 못하고,

오히려 우리의 영혼을 피폐하게 만든다. 우리가 선택한 것을 그냥 내버려 두시는 것이 하나님의 진노이다.

18-32절에서 바울은 이방인(비유대인 혹은 비종교적 세계)에 대해 말한다. 2장 1절에서는 종교적이거나 도덕적인 사람을 향해 말한다. 그들은 바울이 이교 세계와 생활양식을 비판하는 것을 지지한다. 그러나 자신들은 정죄받지 않을 것이라고 생각한다. 2장 1-10절(그리고 3장 20절까지) 바울은 유대인과 모든 종교적인 사람들을 향해 설파한다. 그들은 기준을 세우고 다른 사람들에게 지키라고 강요하는 대부분의 것들로 자신을 정죄한다(2:1-3). 그렇기 때문에 진노를 받아 마땅하다(3-5절). 그들의 문제점은 복음의 핵심을 완전히 놓친 것이다. 그들은 자신의 선으로 스스로를 의롭게 만들었기 때문에 복음이 필요하지 않다고 생각한다. 다시 말하지만, 모든 사람(비종교적, 혹은 종교적)에게는 복음이 반드시 필요하다.

— 한 걸음 더 나아가기

종이를 작게 잘라 각 장마다 사람의 이름을 쓰라. 15-20명의 유명인들의 이름을 쓰라. 위인(예를 들어 루즈벨트, 처칠), 신앙인(빌리 그레이엄, 테레사 수녀), 악인(히틀러, 빈 라덴), 그리고 '평범한' 사람들(유명 운동선수나 영화 배우, 저자, 혹은 당신 자신!)까지 쓰라. 소그룹원들에게 그 사람들이 얼마나 선한가, 혹은 사회에서 얼마나 인정받는가에 따라 순서를 정하게 하라. 이어서 성경공부를 하면서 그 순서를 다시 언급하라. 1장 18-32절은 신앙이 있거나 하나님의 존재를 인정하는 선한 사람들과 나머지 사람들을 하나님이 구분하실 수 있다고 제시한다. 그러나 2장 1-10절은 모든 사람이 하나님 앞에서 올바르지 않다는 것을 보여 준다.

— 질문 길라잡이

1. 만약 당신이 100명에게 "세상은 무엇이 가장 문제입니까?"라고 묻는다면 어떤 대답을 듣게 될까?

욕심, 이기심, 기후 변화, 잘 모르겠다, 서로 사랑하지 못하는 것 등이다.

- **또 "무엇을 고치면 될까?"라고 묻는다면 어떤 대답을 듣게 될까?**

  이것은 대답하기 더 어려운 질문이다. 너무 오래 토론하지 말라. 대부분
  의 답은 해결책이 없다는 쪽일 것이다. 혹은 해결책이 우리 안에 있다고,
  즉 인간이 인간의 문제를 해결할 수 있다고 대답할 것이다.

2. 18-21절은 하나님의 진노에 대해 무엇을 말하는가?

하나님의 진노는 존재한다. 사랑의 하나님은 또한 진노하는 하나님이시다.
이때 진노는 정당화되는 공정한 분노다. 하나님이 세상을 사랑하시지만 세
상 안의 잘못된 것에 대해서는 분노로 사랑을 표현하신다. 그것이 진노이다.
하나님의 진노는 현재적이다. 하나님의 진노가 여기 있고, 지금 역사하고 있
다(18절의 "나타나나니"라는 현재 시제에 주목하라). 18절 다음부터는 하나님의 진
노가 어떻게 나타나는지 보여 준다.

하나님의 진노는 경건하지 않음(18절, 하나님의 권리를 무시하는 것)과 불의,
악(사랑, 정의, 진리 등에 대한 인간의 권리를 무시하는 것)에 대항한다.

하나님의 진노는 합당하다. 알면서도 진리를 막는 사람들에게 하나님은
진노하신다. 모든 사람이 마음 깊은 곳에서는 마땅히 충성하고 순종해야 할
하나님이 계신다는 것을 안다. 하나님이 "창세로부터 … 분명히 보여 알게"
하셨다(19-20절). 자연은 하나님의 존재 유무를 우리에게 보여 준다. 그러나
우리는 그것을 알지만, 하나님을 위해 살거나 하나님께 감사하지 않는다(21
절). 우리는 모두 하나님이 없는 것처럼 산 것에 대해 "핑계 댈 수 없다"(20절).

3. 바울이 하나님을 알고 예배하기를 거부하는 인간에 대해 말한다. 그런 사람들에게 늘 일어나는 일은 무엇인가(22-25절)?

첫째, 그들은 가짜 신을 만든다. 바울은 25절에서 두 단어를 사용한다. 우리는 피조물을 "경배하고" "섬긴다." 우리는 창조자를 예배하도록 창조되었다. 그러므로 만일 우리가 하나님을 거부하면, 다른 무엇인가를 예배할 것이다. 우리가 예배하는 것이 무엇이든 우리는 그것을 섬기거나 순종할 것이다. 우리에게 최고의 우선순위가 되는 것이 우리에게 의미를 준다. 그것이 무엇이든 우리는 그것을 섬긴다.

둘째, 속박과 중독이 따른다. "그러므로 하나님께서 그들을 마음의 정욕대로 더러움에 내버려 두사"(24절). 우리가 섬기는 것이 자유를 주지 못한다. 오히려 그것은 우리를 통제한다. 하나님의 진노로 우리를 내버려 두신 것이다. 우리는 행복하기 위해 우상을 찾는다. 그런데 그것이 우리를 만족시키지 못하므로(왜냐하면 우리의 심령은 어떤 피조물이 아니라 하나님께 초점을 맞추도록 만들어졌기 때문이다) 우리는 갈급함을 채우기 위해 다른 것을 찾는다.

4. 하나님을 알고 싶어 하지 않을 때의 결과는 무엇인가(26-32절)?

여기서 바울은 거짓 예배가 인간의 삶을 완전히 파괴함을 보여 준다. 각각의 결과가 삶 속에 어떻게 나타나는지 소그룹원들이 생각해 보게 하라. 단지 읽는 것으로 끝나지 말라.

속박과 중독(26, 28절. "그들을 부끄러운 욕심에 내버려 두셨으니"). 거짓 신은 결코 만족시킬 수 없는 폭군이 되고 만다.

무질서한 인간 관계(26-27절). "상당한 보응"(27절)의 의미는 다음과 같다. 하나님의 명령대로 살지 않겠다고 결정하면, 하나님이 그냥 놔두신다.

그것이 하나님의 진노다. 이는 하나님을 섬기며 살지 않는 것의 형벌이다.

개인 생활과 단체 생활의 쇠퇴(29-31절). 이는 부패한 행위 때문이다.

경제적 무질서("탐욕")

사회적 무질서("살인, 분쟁, 사기, 악독")

가족의 와해("부모에게 불순종")

관계적 와해("수군수군, 비방, 능욕, 교만, 자랑")

인격의 와해("우매, 배약, 무정, 무자비")

21절에 두 가지 결과가 등장한다.

지적 혼란과 좌절(허망한 논리). 참 하나님의 최고성을 부인하기 위해 많은 모순된 신념에 매달린다.

정서적 혼란과 좌절(21절). 마음과 갈망은 원래 하나님으로 채워지도록 만들어졌기 때문에 마음의 보좌에 다른 것을 앉히면 만족이 없다.

* 주의: 26-27절은 동성애를 우상숭배에서 나오는 성적 속박으로 본다. 다음을 기억하라.

첫째, 이것은 성경에 등장하는 동성애에 관한 가장 긴 본문이다.

둘째, 본문에서는 동성애가 "자연의 순리에 역행"(파라 푸신)이라고 한다. 즉 동성애는 하나님이 우리에게 주신 자연의 순리를 거스르는 행위다.

셋째, 동성애는 창조자보다 피조물을 예배하는 데서 온다고 말한다. 동성애만이 아니라, 모든 문제는 모종의 우상숭배이다. 동성애를 행하는 것은 죄다. 그러나 동성애만 죄는 아니며, 동성애가 다른 죄보다 심각한 것도 아니다. 죄는 하나님에 대한 진리를 억누르고 하나님의 자리에 다른 것을 두고 예배하는 것이다. 그것이 하나님의 진노를 부른다.

5. 우리 주변에서 하나님의 진노가 임한 것을 본 적이 있는가? 어떤 모습이었나?

우리 주변에서 일어나는 파괴의 원인이 하나님의 진노일 수 있다. 하나님은 우리가 예배하고 원하는 것들에 우리를 '내버려 두고, 내어 주심'(24, 26, 28절)

으로서 우리를 향한 진노를 표현하신다. 우리가 피조물을 예배하고 피조물에서 삶의 의미와 목적을 찾는다는 사실 자체가 하나님의 진노이자 벌이다. 그러므로 진리를 거부하고, 예수님을 믿지 못하는 이들에게 하나님의 진노가 임한다. 그는 자신의 선택과 결과로 인해 실망과 절망을 경험한다. 가령 승진에 집중한 나머지 가족에게 소홀히 한 가장 등이 그렇다. 우리의 죄로 인해 세상에는 영적, 심리적, 사회적 물리적 파괴가 일어날 수 있다.

6. 당신의 교회 공동체가 주변 문화보다 진리를 덜 억압하고 우상숭배를 덜 한다고 생각하는가? 왜 그렇게 생각하는가?

우리는 종종 본문의 바울이 말하는 것에 자신은 해당하지 않는다는 오류를 범한다. 반대로 본문의 죄의 목록 중에서 자신에게 해당되는 것을 찾을 수도 있다. 소그룹원들은 이 질문에 둘 중 하나로 대답할 수 있을 것이다. "예, 우리는 하나님에 대한 진리를 알아요. 그래서 우상을 별로 숭배하지 않아요"라거나 "예, 우리는 주변 사람들과 똑같이 죄악돼요". 바울은 로마서 2장을 통해 우리에게 도전한다.

7. 바울이 로마서 2장 1-3절에서 어떤 사람들에 대해 말한다고 생각하는가?(17절이 관련될 수 있다)

그들은 "남을 판단하는 사람"(1절)이고, "유대인이라 불리며 율법을 의지하는"(17절) 사람이다. 그들은 하나님의 기준을 지켜서 하나님께 받아들여지려는 종교적인 사람이다. 그들은 로마서 1장을 읽고 말할 것이다. "물론 하나님의 진노는 교회에 오지 않는 불경건한 사람들에게 임해요. 그러나 우리는 하나님의 말씀을 가졌고 하나님의 말씀대로 살아요. 우리는 정죄받지 않아요."

- **바울이 말하는 것은 무엇인가?**

  "네가 너를 정죄함이니 판단하는 네가 같은 일을 행함이니라"(1절). 바울은 우리가 다른 사람들에게 부과하는 기준으로 우리가 심판받을 것이라고 말한다. 그들은 다른 사람들은 심판을 받아 마땅하고 자신은 그렇지 않다고 믿는다. 그러나 바울은 우리가 세운 기준을 우리도 지키지 못한다고 말한다. 이는 모두에게 적용되는 말이다.

그것은 20세기의 신학자, 프란시스 쉐퍼가 말한 "보이지 않는 녹음기"와 같다. 우리 각 사람의 목에는 녹음기가 있다(이 시대에는 MP3녹음기라고 할 수 있을 것이다). 그 녹음기는 우리가 다른 사람들에게 어떻게 살아야 한다고 하는 말, 다른 사람들에 대해 하는 말을 녹음한다. 마지막 날에 재판장이신 하나님이 그 녹음기를 가지고 말씀하실 것이다. "내가 공정하게 네가 인간의 행동 기준이라고 말한 것에 근거해 너를 심판할게." 바울은 질문한다. "네가 하나님의 심판을 피할 줄로 생각하느냐"(3절). 그 누구도 당당히 "예"라고 답할 수 없다.

- **바울은 무엇을 경고하는가(4-5절)?**

  자기 의를 내세우는 사람들에게 인자하신 하나님은 시간을 더 주시고 그들이 회개(4절)하게 하신다. 즉 자신이 죄인임을 깨닫고 돌이켜 복음을 믿게 기다려주신다. 그러나 회개하지 않는 한 "하나님의 의로우신 심판이 나타나는 그날에 임할 진노"를 받을 것이다(5절). 회개하지 않는 시간이 길어질수록, 최후의 심판이 커진다.

— 한 걸음 더 나아가기

- **그들은 각각 무엇을 했는가?**

  첫 번째 그룹은 하나님이 택하신 왕(다윗)에 대항하는 음모를 꿨다. 그들은 거짓말을 한다. 즉 그들이 입으로 하는 말과 그들의 마음이 반대였다. 그들은 로마서 2장 1-3절의 사람들과 같다.

  두 번째 그룹은(1, 7절) 구원받기 위해 하나님을 바라봤다(1절). 가진 모든 것을 하나님께 걸고, 하나님의 구원과 영광을 의지했다(7절).

- 12절에서 사람이 행한 대로 보상받을 것이라는 의미는 무엇인가?

  하나님이 첫 유형의 사람에게는 하나님을 거절한 태도에 대해 심판하셔서 갚아 주실 것이다. 그리고 두 번째 유형의 사람에게는 그들이 하나님을 의지하고 바란 축복과 구원을 주셔서 갚아 주실 것이다.

- 이것이 바울이 로마서 2장 6-11절에서 말한 것을 이해하는 데 어떻게 도움이 되는가?

  바울은 종교인이나 비종교인 모두에게 그들이 하지 않은 것보다 한 것에 대하여 생각해 보라고 한다. 둘 다 회개하지 않았고(5절), 하나님의 과분한 자비로 하나님의 진노를 피하고자 하지 않았다. 둘 모두 자신에게서 영광을 찾았다.

- 그리스도인에게 주는 도전은 무엇인가?

  우리의 삶은 우리가 고백하는 신앙을 반영한다. 우리 손의 행위가 믿음에 의해 변화되고 믿음을 나타내지 않는다면, 그 믿음이 진짜인지 솔직하게 자문해 보아야 한다.

8. 다음 사람들이 하나님께 변명할 수 없다는 것을 바울이 어떻게 보여 주는가?

- 비종교적인 사람들(13-16절): 14-15절이 여기서 핵심이다. 율법을 들어보지 못한 사람들(이방인들)이 "율법의 일을 행할 때에는 … 그 마음에 새긴 율법의 행위를 나타"낸다, 즉 율법의 요구사항이 마음에 써져 있다는 것을 나타낸다. 하나님의 율법이 사람들 안에 선천적으로 내재되어 있다. 모든 사람들이 옳고 그름의 본질적 원칙들과 객관적, 실체적 근거, 즉 우리가 심판받는 기준을 안다. 하나님의 율법을 들어본 적이 없는 사람이 때로 무

엇이 옳은지 안다는 사실은 그들이 옳은 것을 하지 않을 때 핑계가 될 수 없다는 것을 보여 준다. 자신의 생각이 때로 스스로를 비난하기도 하고 변호하기도 한다(15절).

＊주의: 이것은 복잡한 부분이다. 모든 것을 자세히 이해하려고 하다가 주제에서 벗어나지 않게 하라.

• 종교적인 사람들(17-27절): 17-24절은 도덕적 행동에 대한 것이다. 25-27절은 종교적 행위의 준수에 대한 것이다. 다시 한 번, 여기서 핵심은 종교적인 사람들이 그들이 설교하는 대로 행하지 않는다는 것이다(21절). 바울은 간음을 예로 든다(22절). 종교적인 사람들은 간음을 행하는 다른 사람들에게 가혹하다. 그러나 예수님은 간음의 범주에 우리의 생각까지 포함하셨다(마 5:28). 경건한 삶은 몸으로 하는 행동만큼이나 (혹은 그보다 더) 마음의 동기에 있다. 율법을 알고 가르친다고 해서 율법에 대한 불순종을 저절로 그치게 되지 않는다. 따라서 심판을 받을 수 있다. 25-27절에서 바울은 할례에 대해 말한다. 그것은 유대인의 큰 문화적 징표였고, 하나님 백성이라는 정체성을 나타냈다. 그러나 이로 인해 유대인은 교만하게 되었고, 할례를 받으면 자동적으로 하나님과 올바른 관계가 된다고 안일하게 추정하게 되었다. 그러나 바울은 율법을 지키느냐, 어기느냐만 중요하다고 말한다. 만일 어떤 사람이 율법을 어기면(모든 사람이 그렇다고 1-3절에서 말한다), 할례가 그들을 구원하지 못한다(25절).

9. 정말로 유일하게 중요한 것은 무엇인가(28-29절)?

당신 마음이 할례를 받았는가, 아닌가이다. 즉 성령이 우리에게 역사해 복음을 믿게 하시고 우리가 하나님의 참 백성이 되었는가이다.

• 그런 마음은 어떤 부정적, 긍정적 결과를 낳는가(29절)? 왜 그렇게 생각하는가?

내면에 성령이 역사하셔서 예수님의 의를 받아들인 사람을 하나님은 하나님께 속한 자, 완전히 받아들여진 자, 정죄가 아니라 칭찬의 대상으로 보신다. 그리스도인이 다른 사람에게서 칭찬받지 않을지라도 (다른 사람이 하나님을 거절해서, 혹은 종교적으로 겉만 깨끗해서), 자신이 하나님의 인정과 칭찬을 받는다는 것을 알면, 사람의 의견에 좌우되지 않는다.

10. 혹시 우리가 바울이 2장에서 말하는 "너"인지 어떻게 알 수 있는가?

바울은 우리에게 네 가지를 지적한다.

첫째, 하나님의 말씀을 이론적으로만 대한다(21절: "다른 사람을 가르치는 네가 네 자신은 가르치지 아니하느냐"). 이 사람은 복음의 개념을 이해하지만 변화되지 않는다. 그들은 자신의 죄를 깊이 인식하는 경우가 드물다. 진짜 그리스도인에게는 성경이 "살아 있고 활력이 있다"(히 4:12). 성경이 그들에게 죄를 깨우치고, 위로하고, 기쁨을 주고, 도전을 주고, 변화시킨다. 그러나 그들은 배움을 위해 성경을 읽는다.

둘째, 은근히 혹은 뚜렷하게 도덕적 우월감을 갖는다(17절: "네가 … 자랑하며," 19-20절: "어둠에 있는 자의 빛 … 이라고 스스로 믿으니"). 자신의 영적 성취(도덕성 혹은 종교적 관습의 준수)를 의지하면, 그것에 실패한 다른 사람들을 낮춰 볼 것이다. 자신의 선함에 의존하는 사람들은 최소한 뒤에서 사람들의 험담을 한다(남을 낮춤으로써 자신을 좋게 본다). 그리고 매우 방어적이다(자신의 결점이나 잘못을 인정하지 못하기 때문이다).

셋째, 가장 중요한 내적 삶(29절: "할례는 마음에 할지니 영에 있고")이 완전히 결여되어 있다. 할례 받은 마음은 영적으로 녹아 있는 부드러운 마음이다. 기도 생활이 활발하고, 하나님의 임재와 친밀하심을 느낀다. 그러나 도덕주의자는 이런 영적 생활이 없다. 그들이 교회 의식에 몰두할 때나 교회에서 열심히 봉사할 때 혹 좋은 기분을 가질 수도 있지만, 하나님이 그들을 사랑하신다는 확신이 없어서 내면이 죽어 있는 것을 경험한다.

* 주의: 그렇다고 해서 진짜 그리스도인은 항상 은혜로운 경건의 시간을 갖는다거나 늘 기도가 잘 된다는 말은 아니다!

넷째, 노골적 위선이나 이중적 삶이 있을 수 있다(22절). 교회의 주된 일꾼이 불륜을 즐기고 있거나 사업을 부정직하게 할 수 있다.

11. 누군가 "세상은 뭐가 잘못된 거죠?"라고 묻는다면, 본문을 근거로 어떻게 대답하겠는가?

짧은 답은 죄다. 긴 답은 우리 모두가 하나님에 대한 진리를 억압하고 그 대신 다른 것을 예배하고, 종교적으로 자신의 선함을 예배하거나 비종교적으로 다른 것을 예배한다는 것이다. 즉 꼭 가져야겠다고 결정한 것(그것은 특정한 성적 경험, 또는 자신이 스스로 의롭고 충분히 선하다고 느낄 수 있게 하는 것, 그 외의 다른 것)을 추구하면서 나와 다른 사람들에게 상처를 준다.

12. 우리는 어떻게 복음을 깨닫고 소중히 여기고 누리게 되는가(1:18-2:29)?

복음이 필요한 것은 단지 우리를 행복하게 하기 위해서가 아니라 하나님의 진노가 있기 때문이다. 복음에 대한 바울의 모든 확신, 기쁨, 열정(1:1-17)은 모든 인간이, 복음을 떠나서는 하나님의 진노 아래 있다는 가정에 근거한다. 만일 당신이 하나님의 진노를 이해하거나 믿지 못하면, 또 당신이 하나님의 진노를 받아 마땅하다는 것을 이해하거나 믿지 못하면, 복음이 당신에게 기쁨, 능력, 감동을 주지 못한다.

3. 하나님과 올바른 관계가 되는 방법(3장)

오직 예수의 길로만 가능하다

― 목표

우리는 하나님 앞에서 자신을 변호할 수 없다. 그러나 하나님이 우리를 대신해 예수님을 심판하셔서 우리를 하나님과 올바른 관계로 만들겠다고 말씀하신다. 그것을 통해 하나님의 정의와 자비를 보여 주신다.

― 개요

3장 1-20절에서 바울은 모든 사람에게 복음이 필요하다고 결론을 내린다. "의인은 없나니 하나도 없기" 때문이다(3:10). 그래서 하나님이 책임을 물으실 때 아무도 자신을 방어하는 말을 하지 못한다(3:19).

21절의 처음 두 단어인 "(그러나) 이제는"에 주목하라. 하나님은 십자가에서 하나님의 의, 하나님의 완전함을 예수님의 죽음을 신뢰하는 모든 사람이 받게 하셨다. 십자가는 하나님이 그 아들을 정당하게 벌하셔서 죄인을 의롭다 하시는("칭의하시는") 곳이다.

　*주의: 이 문단, 특히 21-31절에는 전문 용어가 많다.

─ 한 걸음 더 나아가기

모든 사람에게 일종의 '이력서'를 쓰며, 다음의 각 항목마다 3가지를 적어 보게 하라: 가장 자랑스러운 성취, 가장 소중한 관계, 최고의 장점, 가장 큰 후회나 잘못(쓴 것은 본인 외에는 아무도 보지 않을 것이다). 그 다음에 10번과 11번 질문을 토론하고 난 후에 그 항목들 중 어느 것이 자신을 의롭게 하지 못한다거나, 혹은 반대로 자신이 의로워지는 것을 막지 못한 것을 밝히라. 의롭다 함을 받으려면 우리의 이력서에 "나는 그리스도의 보혈을 믿습니다"라고 적어야 한다.

─ 질문 길라잡이

1. 말문이 막혔던 적이 있는가? 무엇이 원인이었는가?

4번 질문과 이어지는 개인적 적용에서는 침묵할 수밖에 없는 영적 상태에 대해 말한다. 1번 질문은 재미있는 도입 방법이다. 4번 질문과 개인적 적용 후에 1번 질문에 다시 답해 볼 수 있다.

2. 어떤 의미로 유대인이나 이방인, 혹은 종교적인 사람이나 비종교적인 사람이 모두 같은가(9절)?

우리는 모두 죄 아래 있다. 즉 불의하다(10절 참조). 하나님이나 사람들에게 잘못한 것이 아무것도 없는 사람은 없다. 우리는 하나님과 사람에게 잘못했다. 그래서 그들에게 빚졌다. 착한 사람이나 나쁜 사람이나 모두 마찬가지로 죄

아래 있다.

- 분명히 어떤 사람들은 다른 사람들보다 덜 죄악되다. 그렇다면 9절은 무슨 의미일까?

  우리 모두가 같은 죄를 범한 것은 아니지만, 모두가 죄악된다. 따라서 모두 실패했다. 좋은 예가 있다. 세 사람이 하와이에서 일본까지 헤엄쳐 가려고 한다(약 6,200km). 한 사람은 약 1km를 가고 물에 빠져 죽는다. 다른 사람은 약 2km를 가고 물에 빠져 죽는다. 세 번째 사람은 수영을 잘해서 약 20km를 가고 빠져 죽는다. 그들의 수영 실력이 똑같지 않지만 모두 익사했다. 마찬가지로, 모든 사람이 죄의 수준이 똑같지 않지만 죄 아래 있다는 사실은 동일하기에 모든 사람이 정죄를 받는다.

3. 10-18절에서 바울은 죄가 우리에게 미치는 영향을 길게 열거한다. 그것은 무엇인가(최소한 7가지)?

1. 법적 지위(10절). 아무도 하나님과 올바른 관계에 있지 않다. 모두 죄가 있다(질문 2 참조).

2. 생각(11절). 깨닫는 자가 없다. 죄가 영적 문제에 대한 우리의 생각을 어둡게 했기 때문이다(1:21-23, 엡 4:18 참조).

3. 동기(11절). 정말로 하나님을 찾고 싶어 하는 사람은 아무도 없다. 우리는 하나님에게서 어떤 것을 받으려고 하지만, 그냥 놔두면 우리 스스로 하나님을 찾지 않는다.

   *주의: 즉 하나님이 성령을 통해 우리를 찾으시기 전에 우리는 아무도 먼저 하나님을 찾지 않았다.

4. 의지(12절). "치우쳐"(turned away)는 필시 이사야서 53장 6절을 말한다. "우리는 다 양 같아서 그릇 행하여 각기 제 길로 갔거늘". 우리는 매우 고집스럽다. 우리는 자기 결정권, 자신의 길을 선택할 권리를 요구한다.

5. 혀(13-14절). 우리의 말은 내면의 부패의 징후다(또한 우리의 말이 내면의 부패를 야기한다). 우리의 혀는 속이고 해친다(저주).

6. 관계(15-17절). 우리는 다른 사람들과 화목하기보다 "그들의 피를 흘리는 데 더 빠르다." 즉 우리는 자기중심적이고, 다른 사람들을 이용하려 하고, 우리가 하려는 것을 방해하는 자들과 싸운다.

7. 하나님께 대한 태도(18절). 여기서 "하나님을 두려워함"은 겁에 질리는 것이 아니라, 하나님이 얼마나 위대하신가에 대해 경탄, 존경, 떨리는 기쁨의 내적 태도를 갖는 것이다. 죄는 그것과 반대로, 자신의 삶을 고집스럽게 자기 의지로 통제하려 하고, 자신의 위대함을 바라보고 높이며, 자신을 스스로 구원하려고 애쓴다.

4. 1장 18절부터의 바울의 논증을 3장 18-20절에서는 어떻게 요약하는가?

(질문 3에서 보았듯이) 아무도 하나님께 대해 올바른 태도를 갖거나 하나님이 누구신가와 우리를 구원하기 위해 어떤 일을 하셨는가를 존경하지 않는다(18절).

모든 사람이 책임이 있다. 이것은 율법을 지키려 하지 않는 사람만큼이나 율법을 지키려 하는 사람에게도 적용된다(19절).

아무도 변명할 수 없다. 율법을 주신 이유는 자신이 의롭다고 선언하게 하려는 것이 아니다. 율법은 우리가 죄악됨을 깨닫는 방법이다. 율법은 우리가 지켜야 할 것을 알려 주는 체크리스트가 아니라, 우리의 실패를 보여 주는 기준이다. 율법에 대한 올바른 반응은 우리가 절박한 난관에 봉착했음을 깨닫고 우리의 "모든 입을 막는"(19절) 것이다. 우리가 누구이든 간에, 우리는 변명하거나 하나님께 제시할 것이 없다. 우리는 정죄에 직면한다.

5. 18-20절이 교회 안팎에서 인기가 없는 이유는 무엇인가?

하나님이 모든 사람에게 책임을 물으실 것이고 그 계산 후에 살아남을 사람이 아무도 없다는 것을 듣고 싶지 않기 때문이다. 그래서 이 구절은 다음과 같은 사람들의 심기를 불편하게 한다.

- 자유주의적인 사람들은 절대적 옳고 그름, 심판의 개념을 거부한다.
- 교회에 다니는 사람들 중의 일부는 선행만으로 하나님이 받아주지 않으시고 선행이 하나님이 우리를 받아주시는 데 아무 보탬도 되지 못한다는 사실을 거부한다.
- 타 종교인들.

우리의 머리로는 이 진리를 받아들인다. 그러나 우리가 사랑하는 사람들 중에 우리에게 친절하지만 그리스도를 신뢰하지 않는 사람이 있다. 우리는 그들에게 이것을 적용하지 않으려 한다.

왜 복음을 믿으려면 그것을 이해해야 하는가?

우리에게 구조가 필요함을 모르면, 구조해 주겠다고 해도 받아들이지 않을 것이다. 복음이 우리에게 닫힌 것이다. 그래서 복음 때문에 감동하거나 감격하지 않을 것이다. 복음이 타당성 있게 들리려면 다음을 이해해야 한다: 심판이 다가온다. 아무도 자신의 행위로 의롭다고 선언되지 않을 것이다.

6. "하나님의 한 의가 나타났으니"(21절).

- 그 의를 어떻게 갖는가?
  "예수 그리스도를 믿음으로 말미암아"(22절). "그의 피로써"(25절). 우리는 그리스도를 믿음으로 하나님과의 올바른 관계를 받아들인다.
- 우리의 노력이 아니라 믿음으로("율법 외에" 21절, "모든 사람이 죄를 범하였으매 하나님의 영광에 이르지 못하더니" 23절) 가능하다.
- 일반적인 믿음으로가 아닌 그리스도를 믿음으로만 가능하다. 일반적 믿음을 갖거나, 심지어 성경의 하나님을 믿음으로도 아니고, 예수 그리스도를 믿음으로 구원받는다.

- 그리스도가 십자가에서 하신 일을 믿음으로이지, 일반적으로 그리스도를 좋아해서가 아니다. 어떤 사람들은 "나는 예수님을 믿어요"라고 하지만, 사실 그 의미는 예수님을 하나의 훌륭한 모범이나 도움으로 믿는다는 것이다. 그것은 구원의 믿음이 아니다.
- 이때 믿음은 받아들이는 방법이지, 믿는다는 것이 또 하나의 행위가 아니다. 우리는 "거저 의롭다함을 받는다." 믿는 것이 의를 획득하는 또 하나의 행위가 아니다. 믿음은 예수님이 하신 일을 신뢰하는 것이다.

  ❯ 우리가 어떻게 의를 받는가의 구체적 측면을 이해하게 돕는 질문은 다음과 같다.
    - 바울은 믿음에 어떤 자세한 내용을 추가하는가? 그 자세한 내용에 따르면, 믿음에는 어떤 의미가 제외되는가?

- **우리는 그것이 필요한가?**
  모든 사람이 죄를 범하였으매 하나님의 영광에 이르지 못했기 때문이다 (23절).

7. 바울은 예수님의 죽음을 어떻게 묘사하는가? 예수님의 십자가 죽으심에 대해 이 구절들은 무엇을 말하는가?
- 24절: 예수님이 우리를 구속하셨다. 즉 값을 치르셔서 우리를 자유케 하셨다. 구속(redemption)이라는 단어는 구약 시대 이스라엘을 배경으로 한다. 농경 사회에서는 빚을 지기 쉬웠다. 그러면 자신을 노예로 팔아야 했다. 그러나 빚을 청산하려면 힘들었고, 온 삶을 바쳐야 할 수도 있었다. 그래서 하나님의 율법에 친족 구속자, 기업 무르는 자, 고엘(go'el) 제도가 있었다. 기업 무르는 자가 당신을 사서 빚에서 벗어나게 하고, 종살이에서

벗어나게 했다. 그래서 당신은 다시 자유를 얻었다(레 25:25). 바울은 예수님을 통해 우리가 빚에서 자유롭게 되어서 더이상 사망과 심판의 종이 아니라고 말한다.

- 25절: 예수님은 속죄의 화목제물이었다(25절). 헬라어로는 힐라스테리온이고, 유화(宥和, propitiation), 진노를 돌이키다라는 뜻이다. 하나님이 진노를 우리에게서 돌이키신다. 우리는 하나님의 진노를 받아 마땅하지만, 하나님이신 예수님이 우리를 대신하셨기 때문에 진노를 피할 수 있었다. 하나님이 죄악된 인간을 대신해 하나님의 아들, 죄 없는 예수님을 벌하셨다. 우리가 당할 형벌을 예수님이 대신 당하여 값을 치르셨다. 그래서 우리는 하나님 앞의 올바른 지위, 하나님과의 올바른 관계를 얻게 되었다.

─ 더 깊이 알기

이스라엘의 대제사장 아론은 염소로 무엇을 했는가(레 16:5, 15-17)?

두 염소를 취한다(5절-그중 한 마리는 다른 목적을 위한 것이다. 20-22절 참조).

동물을 어떻게 바쳤는가?

한 마리를 잡아서 그 피를 속죄소, 속죄 덮개 위에 뿌린다(속죄소는 언약궤의 뚜껑이다. 성막 중심에 있는 언약궤에 하나님이 백성 중에 거하셨다). 그리고 회막(하나님이 백성을 만나서 백성과 말씀하시는 곳, 출 29:42-43)에도 피를 뿌린다.

(아론을 위한) 황소 제물과 (백성을 위한) 염소 제물은 무엇을 상징하는가?

속죄, 즉 하나님과 죄악된(16절) 백성 간의 관계 회복을 상징한다. 염소가 죽었기 때문에 죽어 마땅한 사람들이 죽지 않았다. 그리고 (히브리서가 자세히 설명하듯이) 그 죽음은 그리스도의 죽음으로 성취될 속죄를 나타냈다.

"이 예수를 하나님이 그의 피로써 믿음으로 말미암는 화목제물로 세우셨으니"(롬 3:25)라는 구절을 이해하도록 어떻게 돕는가?

예수님은 사람이 아닌 하나님이 세우신 제물이셨다. 이 속죄는 하나님의 계획과 하나님의 행하심이었다. 궁극적으로, 예수님은 유일한 구속제물이셨다. 염소가 이스라엘 공동체 대신 죽어서 이스라엘이 (하나님께 벌 받는 대신) 하나님과 올바른 관계가 이루어지게 되었듯이, 예수님이 우리를 대신하여 죽으심으로, 하나님 아버지의 진노를 푸셨다.

8. 십자가에서 하나님의 아들 예수님이 우리를 대신해 죽으셔서 죄에 대한 처벌을 받으셨다. 그것이 하나님이 "자기도 의로우시며 또한 예수 믿는 자를(죄인들을) 의롭다"(26절) 하신다는 것을 어떻게 보여 주는가?

정의로우신 하나님은 하나님의 기준으로 죄를 벌하시고 실제로 십자가에서 죄를 벌하셨다. 십자가는 하나님의 정의를 상징한다. 하나님이 죄악된 인간을 정말로 벌하셨음을 보여 주는 것이다. 그러나 십자가에서 하나님은 죄인을 의롭게 하셨다. 예수 그리스도의 십자가 죽으심으로 우리의 죄는 이미 심판과 벌을 받았다. 이제 법적으로 죄가 없고, 받아야 할 형벌이 없다. 십자가를 통해 하나님의 진노와 사랑이 온전히 나타났고 충족되었다.

9. 26절에 비추어 보아 다음과 같은 말들을 어떻게 해석할 수 있는가?

• **"하나님은 당연히 나를 용서하실 거야. 하나님은 사랑의 하나님이고 용서하는 분이니까 부모가 자녀를 용서하듯이 용서하실 거야."**

이것은 우리와 하나님의 관계를 너무 단순하게 말한 것이다. 하나님은 그 백성에게 아버지이실 뿐 아니라, 왕이시고 우주의 재판장이시다. 그리고 마음 깊은 곳에서 우리는 하나님이 죄를 심판하시기를 바란다. 하나님은 용서하기 위해 정의를 포기하지 않으실 것이다. 그리고 그분의 용서는 자동적으로 되지 않는다. 용서는 예수님이 우리 대신 죽으셨기 때문에 가능하다. 우리는 예수님이 우리를 위해 친히 죽으셨음을 믿음으로 용서를 받아들인다.

- **"내가 그런 짓을 저질렀는데 하나님이 나를 용서하실 리 없어."**

  당신이 저지른 일 때문에 심판을 받아야 한다는 생각은 옳고, 당신이 저지른 행위에는 결과가 따른다는 생각도 옳다. 하나님은 당신을 무조건 용서하실 수 없고 무조건 용서하시지 않는다. 그러나 하나님은 당신이 저지른 죄의 결과를 예수님을 통해 지셨다. 십자가에서 하나님이 심판을 친히 받으셨기에 우리는 심판을 받지 않아도 된다. 하나님이 십자가에서 이루신 일을 과소평가하지 말라! 모든 사람은 예수님이 자신의 죄를 지셨다는 것을 믿고 용서받아야 할 필요가 있다. 예수님께 죄의 형벌을 사해달라고 요청할 때 하나님이 용서하실 수 없거나 용서하지 않으실 사람은 아무도 없다.

10. 믿음으로 의롭다함 받으면 왜 자랑할 수 없는가(27절)?

우리는 자랑에 대하여 이해해야 한다. 그것은 당신이 하루를 살아갈 자신감을 주는 것으로서, 정체성의 뿌리가 되는 성격, 능력, 관계 등이다. 그러나 우리가 믿음으로 의롭다함을 받으면, 우리의 존재, 소유, 능력이 우리를 하나님과 올바른 관계가 되게 하는 데 아무 소용이 없다는 것을 깨닫게 된다. 우리의 최고의 성취도 우리를 의롭다함을 받게 하지 못한다. 우리 안에는 자랑할 것이 아무것도 없다. 우리에게 주어진 의는 예수님이 십자가에서 행하신 일이다. 바울은 자신을 자랑하는 것과 복음을 믿는 것은 정반대라고 말한다. 그 두 가지를 동시에 할 수 없다.

11. 우리는 유대인과 이방인이 똑같이 심판에 직면하는 것을 보았다(질문 2). 어떤 면에서 유대인과 이방인이 같은가(29-30절)?

구원에 있어서 하나님은 유대인과 이방인, 온 세상의 하나님이 되신다. 그리고 할례의 유무에 상관없이 누구든지 "같은 믿음으로"(30절) 의롭다 하신다.

⌄

- '유대인과 이방인'을 '종교적인 자와 비종교적인 자' 또는 '착한 자와 나쁜 자'로 대체해 보라. 바울은 29-30절에서 무엇을 강조하는가? 믿음으로, 오직 믿음으로 의를 받는다. 당신이 누구든, 배경이 어떻든 중요하지 않다.

12. 복음을 믿는 것("그리스도를 자랑하는 것")이:

- **어떻게 우리를 겸손하게 하는가?**

  우리가 한 최고의 일이나 우리가 어떤 사람인가의 최고의 모습을 자랑하거나 의지할 수 없다. 왜냐하면 그것이 우리를 의롭게 하지 못하기 때문이다. 최선의 노력과 최고의 성취를 다 합하더라도 우리는 여전히 죄인이며 심판에 직면한다.

- **어떻게 스스로 정직해지게 하는가?**

  우리의 죄를 더이상 은폐할 필요가 없다. 우리 죄가 십자가에서 충분히 다루어졌기 때문이다. 좋은 사람인 척 가장할 필요도 없다. 왜냐하면 우리는 자신이 좋은 사람이 아닌 것을 알고, 좋은 사람이어야 할 필요가 없다는 것을 알기 때문이다. 그리스도가 우리를 위해 하신 일을 이해하면, 스스로 죄악되다는 것을 다른 사람들이 알기를 바랄 것이고, 우리가 죄악되다는 것을 인정하고 싶을 것이다. 그리고 자신에게서 시선을 돌려 예수님을 바라보며 말할 것이다. "저는 죄인입니다. 그러나 예수님이 저를 구하셨습니다!"

- 어떻게 우리를 근심과 걱정에서 자유롭게 하는가?

  미래를 두려워할 필요가 없다. 하나님이 당신을 위해 일하시기 때문이다. 최악의 두려움을 하나님의 손에 맡겨 드릴 수 있다. 죄인을 하나님이 의롭다 하셨다면, 이제 하나님의 자녀가 된 당신을 하나님이 생각하시기 때문이다. 어려움이 닥칠 때 말하라. "십자가의 고난을 당하셔서 나를 의롭다 하신 하나님이 정말 도움이 필요한 지금의 나를 돕지 않으실 리 없어."

- 어떻게 실패나 죽음으로부터 두렵지 않게 하는가?

  최악의 실패를 해도 하나님 앞에서 우리의 신분은 달라지지 않는다. 우리의 신분은 그리스도의 십자가에 달려 있기 때문이다. 만일 우리가 실패해서 다른 사람들이 등지더라도, 온 우주에서 하나님의 의견만이 영원히 중요하다. 우리는 그 하나님께 여전히 사랑받는 존재이다. 더 이상 우리는 죽음을 두려워할 필요가 없다. 이제 우리와 올바른 관계에 계신 하나님이 죽음 이후에 우리를 환영하실 것이기 때문이다. 심판을 두려워할 필요도 없다. 왜냐하면 그리스도의 의가 우리의 의이기 때문이다.

4. 의인의 모델(4장)

복음으로 의롭게 된 두 증인

— **목표**

아브라함의 예는 보여 준다. 참된 믿음은 하나님의 약속을 신뢰하는 것이고, 그러한 참 믿음을 가진 자를 하나님과 올바른 관계에 있다고 하나님께서 간주하신다.

— **개요**

바울은 십자가를 통해, 하나님이 의로우시고 또한 그리스도의 피를 믿는 자들을 의롭다 하신다는 복음을 제시한 후에, 이제 구약의 두 '증인들'인 아브라함과 다윗을 다룬다.

바울의 예는 매우 탁월했다. 아브라함은 유대인의 아버지이며, 당시의 유대인들은 아브라함을 위대한 순종을 통해 의로워진 사람으로서 추앙했다. 그러나 바울은 아브라함이 하나님의 약속을 믿은 것을 하나님이 하나님과의 올바른 관계로 인정하셨음을 아브라함이 "발견했다고" 말한다("무엇을 얻었다discovered 하리요," 롬 4:1 NIV-역주). 성경이 이를 증명한다. 창세기 15장 6절을 바울이 로마서 4장 3절에서 인용한다. 아브라함은 구원의 믿음의 훌륭한 예다.

더 나아가, 이스라엘의 가장 위대한 왕인 다윗도 마찬가지다. 바울은 다윗의 시편을 인용하여 축복은 죄를 자백하고 용서받는 데서 온다는 것을 보여 준다. 이어서 바울은 아브라함의 삶으로 돌아가서 말한다.

- 아브라함은 할례 받기 전에 의로웠다. 따라서 할례는 의롭다함을 받는 조건이 되지 못한다(9-12절).
- 율법은 아브라함의 생애가 끝난 후에 주어졌다. 따라서 모세의 율법에 순종하는 것이 구원의 조건이 되지 못한다(13-17절).
- 아브라함의 삶은 보여 준다. 의로 여겨지는 믿음은 겉으로 보이는 것이나 연약함에도 불구하고 하나님의 약속을 믿는 믿음이다(18-22절).
- 오늘날 구원의 믿음은 그리스도의 죽음과 부활이 우리를 의롭게 한다는 하나님의 약속을 믿는 것이다(23-25절).

— 한 걸음 더 나아가기

소그룹원들에게 자신의 가계도를 그리게 하라. 흥미로운 조상에 대해 말해 보라. 특히 자신이 존경하는 분이나, 가족 중에서 자신과 비슷한 점이 있다고 느끼는 사람이나, 닮고 싶은 분에 대해 말해 보게 하라. 성경공부와 연결되도록, 유대인에게 가족이 얼마나 중요한지 설명하라. 그들은 특히 위대한 조상인 아브라함이나 다윗을 매우 존경하고 자랑스러워 했다. 그들이 한 일, 그들이 한 말, 그들이 믿은 것은 유대인들에게 매우 중요했다.

— 질문 길라잡이

1. 믿음은 무엇인가? 믿으면 무엇이 좋은가?

첫 번째 질문은 믿음의 정의에 대한 것이고, 두번째 질문은 믿음의 결과를 묻는다. 이것이 4과의 마지막의 질문이기도 하다(질문 11). 이것은 당신의 그룹이 배운 것을 생각해 보는 기회가 될 것이다.

2. 바울은 모든 유대인의 조상인 아브라함을 예로 든다. 아브라함은 의롭다하심을 받는 것에 대해 무엇을 발견했는가(1-5절)?

의롭다하심을 받는 것을 하나님을 믿는 자들에게 주신다(2절).

의롭다하심 받는 것은 행위의 결과가 아니다. 그것은 일하고 받는 삯이 아니다. 그것은 여겨지는 것이기 때문이다. 즉 선물이다(4절).

구원받은 사람은 일하지 않는다. 구원받은 사람은 순종을 구원을 위한 방편으로 의지하지 않는다. 그 대신, 그들은 악한 자를 의롭다 하시는 하나님을 신뢰하고, 하나님께 구원의 방법이 있고, 그것은 우리의 노력과 아무 상관이 없음을 안다(5절).

*주의: 2-3절에서 바울이 논증한다. 만일 아브라함의 믿음이 단지 순종 및 행위라면, 아브라함은 자랑할 것이 있을 것이다. 그러나 우리가 하나님 앞에서 자랑할 것이 있는가 생각해 보면 아무것도 없다(2절 끝부분). 결론은 믿음이 곧 순종이라는 생각은 잘못이다. 성경은 바울의 논증을 입증한다(3절). 즉 아브라함이 한 것은 "하나님을 믿은" 것이 전부였다.

• **창세기 15장 1-6절을 읽으라. '믿음'이 무엇인가?**

아브라함은 자녀가 없었다(2-3절). 게다가 아내 사래는 불임이었다(11:29-30). 그러나 하나님은 아브라함이 아들(15:4)과 수많은 후손(5절)을 가질 것이라고 약속하신다. 불가능한 그 약속을 아브라함은 믿었다(6절). 믿음은 불가능해 보일지라도 하나님의 약속을 신뢰하는 것이다. 그것은 하나님이 없으면 일어날 수 없는 일을 소망하는 것이다(질문 7과 질문 10에 해당하는 주제다).

3. 다음으로 바울은 이스라엘의 가장 위대한 왕인 다윗을 다룬다. 다윗은 용서에 대해 무엇을 발견했는가(6-8절)?

아브라함과 같은 것을 발견했다(6절). 불법(의식적 죄)이 사함을 받고 죄가 "가리어짐을 받는" 사람들은 복이 있다(7절). 주께서 그 죄를 인정("계수")하지 아니하실 사람에게 그것이 가능하다(8절). 그러므로 구원의 믿음은 하나님이 우리의 죄를 인정하지 않으실 뿐 아니라 우리가 하나님과 올바른 관계에 있다는 것을 믿는 것이다.

⌄

- 당신이 아는 다윗의 삶에 비추어 볼 때, 행위가 아니라 믿음으로 용서를 받는다는 사실이 왜 다윗에게 중요했을까? 사무엘하 11장에서 다윗은 (이스라엘의 위대하고 경건한 왕이었지만) 간음을 저질렀고 인격자에 대한 살인 교사를 했다. 그러므로 다윗이 가질 수 있는 유일한 의는 "일한 것이 없이 하나님께 의로 여기심을 받는" 것뿐이었다(롬 4:6).

믿음으로 의롭다함을 받은 사람은 무엇을 하는가(5, 8, 11절)?

죄를 덮으려(숨기려, 변명하려, 보상하려) 하기보다 죄를 자백한다. 믿음으로 의롭다함을 받는다는 것은 우리를 우리의 죄에 대해 정직하게 한다(5절).

하나님에 대해, 용서에 대해, 용서받은 후 그에 합당하게 살기 위해 다른 사람들을 가르친다(8절).

주 안에서 기뻐한다(11절).

1-2, 7절을 마치 다윗이 믿음이 아니라 행위로 의롭다함 받는다고 말하는 것처럼 다시 써 보라.

예: "허물보다 선행이 많고 지은 죄를 보상한 사람은 복이 있다. 자신의 노력으로 하나님께 받아들여지고 그 마음에 속임수가 없는 사람은 복이 있다. 내가 나의 은신처니 내가 나를 환난에서 보호하고 구원의 노래로 나를 스스로 두르리라."

4. 구원의 믿음은 무엇이고, 구원의 믿음이 아닌 것은 무엇인지 5절 말씀으로 어떻게 설명할 수 있는가?

행위와 믿음으로 구원받지 않는다. 구원의 믿음 자체가 의는 아니다. 믿음이라는 행위의 결과로 의를 획득하는 것이 아니다. 믿음은 의의 선물을 받아들이는 태도일 뿐이다. 그렇기 때문에 구원의 믿음은 겸손하다. 자신의 악함을 인정하고 하나님께서 의롭다고 해 주셔야만 함을 안다. 왜냐하면 스스로를 의롭다할 수 없기 때문이다. 또 구원의 믿음은 소망한다. 즉 신뢰의 대상이 변화한다. 자신의 노력(혹은 다른 어떤 것)에 두었던 소망을 구원자이신 하나님께 두고, 하나님을 신뢰하는 자들을 하나님이 올바로 서게 하신다는 것을 안다.

5. 구원의 믿음은 많은 교인들이나 종교적인 사람들이 생각하는 믿음과 어떻게 다른가?

구원의 믿음은 하나님의 존재를 믿는 것이 아니다. 그러나 종교적인 사람들은 하나님이 존재하고, 사랑의 하나님, 거룩하신 하나님이시라고 굳건히 믿고, 또 성경이 하나님의 거룩한 말씀이라는 것을 믿고, 하나님을 경외하지만, 스스로 자신이 구원자가 되려 하고 스스로 자신을 의롭게 하려고 하면서, 종교, 도덕, 직업, 부모 역할 등으로 자신의 성취나 행위를 의지하려고 한다.

믿음은 하나님이 구원하신다는 것을 지적으로 이해하는 것이 아니다. 믿음은 신뢰하는 것이다. 다리가 내 몸무게를 지탱할 수 있다는 것을 알더라도 실제로 다리를 건너려면 신뢰하여 다리에 발을 디뎌야 한다.

믿음 자체가 우리를 구원하지 않는다. 믿음의 대상(하나님)이 우리를 구원 하신다. 우리가 하나님을 신뢰했기 때문에 당연히 천국에 들어가는 것이 아 니다. 신뢰는 의를 획득하게 하는 행위가 아니기 때문이다. 하나님의 은혜로 믿음을 의로 간주해 주시는 것이다. 믿음이 우리를 구원한다고 의지한다면, 우리가 전보다 믿음이 작다고 생각할 때 불안해지고, 구원의 확신이 불분명 할 것이다. 하나님이 우리를 구원해 주신다는 것을 의지하면, 완전한 구원의 확신을 누릴 수 있다.

* **주의**: 질문 5 다음의 개인적 적용에 답하고 무엇이 우리를 구원해 준다고 신뢰하는지를 다루라.

6. 이런 일들(아브라함이 의로워지고 할례를 받은 것)이 역사 속에서 일어난 순서가 우리 의 구원과 어떠한 관련이 있는가(9-15절)?

만일 하나님이 아브라함의 믿음을 의로 여기시기 전에 하나님이 아브라함에 게 할례를 받으라고 하셨거나, 백성에게 율법을 주셨다면, '믿음=신뢰+할례', 혹은 '믿음=하나님의 말씀에 대한 순종'일 것이다. 그러나 아브라함은 할례 전 에 구원받았고, 그것은 모세가 율법을 주기 훨씬 전이었다. 아브라함은 하나 님의 약속을 신뢰함으로 구원을 받았다. 그것은 유대인(유대인은 하나님의 약속 을 의지해야 한다)과 이방인 모두에게 중요하다. 이방인은 유대인이 아니다. 그 들은 할례를 받지 않았고 하나님의 율법으로 양육되지 않았다. 그러나 그들 도 같은 식으로 믿음을 통해 구원받는다.

• 바울의 결론은 무엇인가(16-17절)?

아브라함이 구원받았듯이 모든 사람이 구원받는다. 약속은 믿음으로 되 기 때문이다. 아브라함은 이스라엘(유대인)만이 아니라 많은 나라들의 "조 상, 아버지, father"다. 아브라함은 믿음을 가진 모든 사람의 조상이고, 거 기에는 인종이나 배경이 상관없다.

7. 18-22절에서 하나님을 믿는 것(즉 구원의 믿음을 갖는 것)에 대해 무엇을 배우는가?

하나님을 믿는 것은 하나님이 말씀하신 것을 보고 그것이 당신의 현실을 규정하게 하는 일이다. 다음 구절들은 그것을 어떻게 하는지 보여 준다.

18-19절: 느낌이나 겉으로 보이는 대로 하지 않는다. 아브라함은 "바랄 수 없는 중에 바랐다"(18절). 그는 "자기 몸이 죽은 것 같다는" 사실에 직면했다(19절). 아브라함은 자기 몸을 보았더니 소망이 없어 보였다. 그러나 그는 하나님을 보고 믿었다. 믿음은 삶에 대한 낙관주의가 아니고 자신의 능력을 믿는 것이 아니다. 자신의 약점이나 생각에도 불구하고 하나님을 신뢰하는 것이다.

하나님의 약속이 실현될 것을 기대하여 하나님께 영광을 돌린다. 아들을 주신다는 하나님의 약속이 실현되지 않았지만, 아브라함은 신뢰하며 살았고 "하나님께 영광을 돌렸다(20절)."

하나님에 대한 사실들에 초점을 맞춘다. 아브라함은 "능히 이루실 줄을 확신했다. 혹은 하나님이 능력이 있다고 확신했다." 믿음은 생각이 없는 것이 아니다. 하나님이 누구신가에 비추어 현실을 생각하고, 환경에 반응하지 않는 것이다. 아브라함은 하나님이 능히 이루실 능력이 있는 분임을 알았다(하나님이 만물을 창조하셨다. 그것은 하나님의 신성한 능력을 보여 준다, 롬 1:20). 그러므로 아브라함은 자녀를 갖기에 연로했지만, 하나님에 대해 사실에 집중하여, 하나님의 능력은 약속을 지키기에 충분하다는 것을 믿었다(21절).

- **17절 끝의 진리를 아브라함이 알았다는 것을 아브라함의 삶이 어떻게 보여 주는가?**

하나님은 죽은 자에게 생명을 주신다. 아브라함은 하나님이 그렇게 역사하셔서 사라에게 아기를 주실 것을 신뢰했다. 하나님은 아브라함에게 많은 나라들의 아버지가 될 것이라고 하셨고, 아브라함은 하나님이 "없는 것을 있는 것으로 부르실" 수 있다는 것을 신뢰했다. 가능하다면 창세기 21장 1-7절, 출애굽기 1장 1-7절을 보라. 약속이 성취된다.

8. 오늘날 우리에게 구원의 믿음은 어떤 것인가(23-25절)?

우리의 믿음은 아브라함의 믿음과 같아야 한다(23-24절). 우리는 예수님에 대한 하나님의 약속을 믿는다. 우리 믿음의 대상은 예수님, 즉 하나님의 아들, 아브라함의 후손이다. 우리는 예수님의 죽음과 부활로 우리가 의롭다하심을 받는 것을 믿는다. 아브라함과 같은 믿음은 예수님이 우리를 구원하신다고 온전히 신뢰하는 것이다.

⬇️

- 17절 끝부분이 옳다는 것을 복음이 어떻게 보여 주는가? 부활은 하나님이 죽은 자를 살리시는 가장 흥분된 예다. 그리고 하나님이 우리를 부르시고, 아직 죄인일 때 우리를 의롭다고 여기시고, 우리를 온전히 순결하게 만드시겠다고 약속하시는 것은 그분이 "없는 것을 있는 것으로 부르시는" 궁극적 예다. 에베소서 2장 1-7절을 읽어 보면, 우리가 죽어 있을 때 어떻게 하나님이 우리를 살리셨는지 바울이 묘사한다.

9. 믿음으로 의롭다하심 받을 때 무엇이 달라지는가?

- **2-3절**

  자랑하지 않는다. 우리는 의롭게 여겨진 것이지, 우리의 노력으로 의를 획득한 것이 아니다. 그것을 알 때 우리는 하나님께 영광 돌리고(20절), 매우 겸손하고, 그리스도께 큰 소망을 둔다.

- **6-8절**

  우리는 위축되지 않는다. 우리는 스스로 죄악되다는 것을 알지만, 또한 우리 죄가 덮였다는 것을 안다. 우리는 죄에 대해 정직할 수 있고, 은폐하려

하지 않는다. 왜냐하면 하나님이 우리 죄를 덮어 주신다는 것을 알기 때문이다. 항상 기뻐하고 감사한다.

- **16절**

  우리는 구원의 확신을 누린다. 땅을 상속받는다(즉 새로워진 세상에서 영생을 누릴 것이다. 이것을 설명할 필요가 있다)는 약속은 은혜이고, 그 약속은 약속을 지키시는 하나님의 능력에 달려 있지, 우리가 율법을 지키는 것에 달려 있지 않다. 우리가 범죄할 때, 미래에 대해 두려워할 필요가 없다.

- **18절**

  소망이 없을 때 소망한다. 우리는 상실, 실망, 슬픔에 직면해도 소망이 없다고 느끼지 않는다. 왜냐하면 우리 삶은 오직 하나님의 약속에 달려 있기 때문이다.

10. 당신의 삶이나 그리스도인들의 삶에서 믿음을 가짐으로써 다음과 같은 결과를 갖게 되었을 때에 대한 예를 나누라.
나누기 전에 답을 쓰도록 2분 정도의 시간을 주라. 소그룹원들이 반드시 간단히 이야기하게 하라!

11. 믿음은 무엇인가? 믿으면 무엇이 좋은가?
이것은 질문 1과 같다. 진정한 구원의 믿음은 그리스도의 죽음과 부활을 통해 하나님이 사람들을 용서하시고 축복하시고 의롭다 하시는 약속을 온전히 신뢰하는 것이다. 우리가 하나님을 믿을 때, 하나님은 그것을 의로 여기신다. 즉 우리는 자격이 없지만 믿음의 결과로 하나님 앞에 올바로 서게 된다.

5. 의롭다하심을 받은 유익들(5장)
하나님과 화평케 되다

— 목표

믿음으로 의롭다하심을 받으면 하나님과 평화를 누리고, 하나님 앞에 나아가고, 하나님과 영원히 함께한다는 확신을 갖게 되고, 고난 중에도 기뻐하게 된다. 우리가 의롭다하심 받는 것은 우리의 대표자이신 예수님에 의해 이루어진다.

— 개요

* **주의**: 본문은 길고 복잡한 단락이다. 구절마다 너무 깊이 살펴보지 않는다. 바울이 가르치는 모든 것을 다룰 시간이 없기 때문이다.

1-11절에서 바울은 의롭다하심을 받음의 유익들을 나열한다. 하나님과 화목하고, 하나님과 친구가 되고, 우리가 언젠가 하나님의 임재 안에 있을 것

이라는 확신이 있다. 의롭다하심을 받음은 우리가 고난당할 때 기도의 방법이 달라지게 한다. 즉 우리는 고난당할 때도 즐거워한다. 왜냐하면 고난으로 시작해 결국 더 큰 소망을 갖게 되기 때문이다. 의롭다하심을 받음의 유익이 고난 으로 인해 줄어드는 것이 아니라, 오히려 더 커진다.

12절은 '그러므로'로 시작한다. 1-11절을 12-21절과 연결해 주는 질문이 있다. "어떻게 한 사람의 행동이, 아무리 선하고 숭고하더라도, 많은 사람들의 삶에 영향을 미치고 변화를 일으킬 수 있는가?" 바울은 하나님이 '언약적 대표'를 통해 인류를 다루신다고 답한다. 언약적 대표란 한 사람이 많은 사람들의 대표자가 되어 행동하는 것이다. 우리는 모두 아담의 인성 안에서 태어났고, 아담이 범죄했으므로 함께 범죄했고, 사망을 가져오는 죄로 인해 죽는다(12-14절). 그러나 이어서 바울은 아담의 모든 것이 우리에게 해당되었듯이, 우리가 그리스도를 믿으면, 그리스도의 모든 것이 우리에게 해당된다고 말한다. 그러므로 예수님을 통해 우리는 의, 의롭다하심, 영생을 모두 받는다(18-19, 21절). 바울이 1-11절에서 열거한 모든 유익은 그리스도가 획득하시고 누리시는 것이다. 그러므로 그분이 우리의 대표자이시면, 우리도 동일하게 누린다.

― 한 걸음 더 나아가기

소그룹원에게 여러 문제 상황의 시나리오를 주라(예: 자동차 타이어가 펑크가 났다, 25명을 위한 식사를 준비해야 한다, 수학 시험을 봐야 한다, 레위기에 이해하기 어려운 부분이 있다, 화단에 꽃을 심는 것을 도와야 한다, 옆집 울타리를 망가뜨려서 합의를 봐야 한다). 각각의 경우에, 만일 다른 사람이 나 대신 그 일을 하게 시킨다면, 소그룹원들 중에서(혹은 교인들 중에서) 누구를 시킬 것인지 물어보라. 나보다 잘할 것 같은 제3자가 나를 대신한다는 개념의 이해를 위한 것이다. 이렇게 질문하라. "만일 그들이 일을 잘한다면 나는 어떻게 될까? 그들이 내가 했을 것보다 잘한다면 (혹은 못한다면) 무슨 일이 일어날까?" 질문 8이나 질문 11과 관련이 깊다.

— 질문 길라잡이

1. 믿음으로 의롭다하심을 받는 것이 좋은 이유는 무엇인가?

의롭다하심을 받음과 믿음을 소그룹 원들이 (앞의 두 과에 근거하여) 충분히 이해하는지 확인할 기회다. 또한 의롭다하심을 받음의 유익을 토론할 기회이기도 하다. 이렇게 질문하면 좋다. "의롭다하심을 받음이 현재 우리에게 주는 유익은 무엇인가?" (죽음을 넘어선 영생 외에 더 있다)

2. 바울은 의롭다하심을 받음의 어떤 유익을 말하는가(1-2절)?

하나님과 화평(1절). 하나님과 우리 사이의 적대는 끝났다. 그것은 객관적인 사실이며, 우리의 느낌이나 기분에 달려 있지 않다.

우리가 서있는 이 은혜에 들어감(2절). 우리는 하나님의 은총을 받으면서 하나님과 인격적 관계를 발전시킨다. 우리의 요청, 문제, 실패를 가지고 하나님께 나아가면 하나님이 들으시고 우리를 이해하신다.

- 이것이 단지 하나님과 화평한 것 이상인 이유는 무엇인가? 화평은 단지 적대관계가 끝난 것에 불과하지만, 이것은 그것을 넘어서서 친구 사이다.

하나님의 영광을 바람(2절). 소망=확실한 기대(이때 소망은 일반적인 '바라다'와 다르다). 의롭다하심을 받으면 우리가 하나님과 함께 있을 것이고, 하나님의 영광에 참여할 것이고, 하나님의 임재를 누릴 것임을 확실히 안다는 의미다.

3. 의롭다하심을 받음이 고난당할 때 어떤 차이를 일으킨다고 바울이 말하는가(3-4, 11절)?

"우리가 환난 중에도 즐거워한다"(3절). "우리 주 예수 그리스도로 말미암아 하나님 안에서 또한 즐거워한다"(11절). 우리가 고난당할 때도 여전히 기쁨이 있다. 왜냐하면 의롭다하심을 받은 사람에게 고난이 다음과 같은 것들을 준다는 것을 "우리가 알기" 때문이다.

인내(perseverance) 즉 일편단심이다. 고난은 정말 중요한 것에 초점을 맞추게 하고, 영원한 것과 영원하지 않은 것을 일깨우며 우리의 우선순위를 재조정하게 한다.

연단(character), 즉 검증된다. 이것은 자신이 직접 경험한 후에 갖는 자신감이다. 고난당할 때 하나님과 영원한 것에 초점을 맞추는 것을 잘하면, 고난을 겪고 나서 더 큰 자신감을 갖게 된다.

소망(hope)의 성장을 이룬다. 자신이 평화를 누리고 하나님께 나아가며 미래의 영광에 대한 더 굳건한 확신을 갖는다.

• **왜 의롭다하심을 받음이 이렇게 달라지게 한다고 생각하는가?**

우리가 의롭다하심을 받으면 하나님의 사랑을 알고, 하나님과 화목하고, 하나님의 임재 안에서 미래의 영광을 얻게 됨을 알게 된다. 의롭다하심을 받음은 우리 안에 하나님이 계시고, 우리가 하나님과의 관계를 즐거워하게 된다(11절). 이는 그리스도인의 기쁨이 환경에 달려 있지 않음을 의미한다. 만일 우리가 궁극적인 기쁨을 직업, 관계, 물질의 소유 등에서 찾는다면, 그것을 잃게 되었을 때 커다란 상실감에 빠지게 된다. 그러나 우리가 의롭다하심을 받으면, 궁극적인 기쁨인 하나님을 알고, 소유하게 된다. 우리는 결코 하나님을 잃을 수 없다.

4. 하나님이 우리를 사랑하신다는 것을 알 수 있는 두 가지는 무엇인가(5-8절)?

우리는 하나님의 사랑을 경험한다(5절). 성령을 통해 "하나님의 사랑이 우리 마음에 부은 바 되었다." 그러므로 모든 그리스도인은 하나님의 사랑을 내적, 주관적으로 경험한다. 그것은 상당히 강한 경험일 수도 있고, 부드러운 경험일 수도 있다(후자가 더 흔하다).

예수님의 십자가 죽음이 하나님의 사랑의 표현이다(6-8절). 본문에서 바울의 요점은 다른 사람을 진정으로 사랑할 때 죽을 수 있고 그것은 매우 어려운 일이라는 것이다. 그런데 바로 예수 그리스도가 그렇게 하셨다. 우리가 예수님을 반역하고 거부할 때, 그분이 우리를 위해 죽으셨다. 그것은 하나님이 우리를 사랑하신다는 객관적 증거다. 따라서 당신이 느끼든 아니든, 하나님은 당신을 사랑하신다.

5. 3절에서 다음과 같이 말한다면, 어떻게 달라질까?

- 고난(환난)에 대해 즐거워하라고 한다면?

    이것은 마조히즘, 즉 고난이 임했다는 사실 자체를 즐거워하는 것이다. 고난에 대해 즐거워하는 것이 실제로 가능하다. 죄책감을 덜기 위해 벌을 받으려 하는 사람들이 있다. 또 어떤 사람들은 편하게 사는 사람들보다 우월감을 가지려고 고난당하는 것을 좋아한다.

- 고난을 초월하여 즐거워하라고 한다면?

    그것은 극기주의(스토이시즘)일 것이다. 그것은 이를 악물고 고난을 통과하는 것이다. 그리고 나서 더 좋은 때가 오면 기뻐하려고 한다. 물론 그리스도인은 장차 고난이 없는 삶을 누릴 것이다. 그러나 그들은 고난 중에도 기뻐한다. 왜냐하면 하나님을 아는 것이 기쁘기 때문이다.

- 고난에도 불구하고 즐거워하라고 한다면?

    물론 우리는 고난을 당할지라도 즐거워하지만, 3절은 우리가 그 이상을 할 수 있다고 가르친다. 우리는 고난을 묵살하면서 "나는 고난이 싫지만 최소한 나는 하나님이 있어"라고 말하려 애쓸 필요가 없다. 3절은 고난에 목적이 있다고 말한다. 그것은 인내(일편단심), 연단(검증된 마음), 더 큰 소망을 낳는다. 그러므로 그리스도인은 고난 중에도 즐거워한다.

6. 우리의 소망과 꿈이 정말 어디에 근거하는지 고난이 어떻게 보여 주는가?

만일 고난 때문에 기쁨을 잃는다면, 잃어버린 것이 기쁨의 근거였을 것이다. 만일 고난 때문에 우리가 소망을 잃는다면, 잃어버린 것이 우리의 소망이었을 것이다. 예를 들어, 만일 우리가 건강이나 외모를 잃고서 슬픔이나 분노에 잠긴다면, 하나님을 아는 것이 우리의 기쁨이었던 것이 아니라, 멋진 얼굴이나 몸매가 우리의 기쁨이었던 것이다. 혹은 만일 우리가 오래 실직해서 살아가는 의미가 없다고 느낀다면 직업을 소망으로 여긴 것이다. 그러나 만일 어려운 때가 닥쳤을 때, 우리의 소망과 기쁨이 오히려 더 커지고 하나님을 아는 데 초점을 맞추며 하나님과 함께 미래를 향해 나아간다면, 우리는 정말로 "우리 주 예수 그리스도로 말미암아 하나님 안에서 또한 즐거워하는" 사람이다(11절).

7. 우리가 고난당할 때 기억해야 할 것과 고난당하는 그리스도인들에게 일깨워야 할 것은 무엇인가?

우리가 은혜를 통해 의롭다하심을 받는다는 진리를 분명히 붙잡으면, 고난 중에도 우리가 가진 것에 더 초점을 맞추게 되고, 우리의 소망을 더 분명히 알게 된다. 고난은 재앙이 아니고, 고난은 우리에게 가장 필요한 것을 앗아가지 못하고, 고난은 이를 꽉 물어 통과해야 하는 것이 아니다. 우리는 고난 가운데 즐거워할 수 있다.

＊주의: 개인적 적용 후에 질문 7을 성경공부 중에 읽고, 묵상은 성경공부 후 집에서 하면 좋다.

8. 죄와 사망이 세상에 들어오게 된 이유와, 누구에게 영향을 미치는가(12-14절)?

죄는 한 사람(아담)을 통해 세상에 들어왔다. 그로 인해 사망이 세상에 들어왔다. 사망은 죄의 형벌이기 때문이다. 사망은 모든 사람들에게 영향을 미친다. "모든 사람이 죄를 지었기" 때문이다(12절).

* **주의**: 12절은 '그러므로'로 시작한다. 따라서 12-21절은 앞 문단과 연결된다. 1-11절의 의롭다하심의 모든 유익에 비추어, 바울은 필시 이런 질문을 예상할 것이다. "어떻게 한 사람의 희생이 (아무리 숭고했다 하더라도) 수많은 사람들에게 그렇게 놀라운 유익을 준단 말인가?" 그래서 이제 바울은 어떻게 예수님의 희생이 우리에게 유익한지 보여 주는 것으로 전환한다. 그것은 예수님이 우리의 대표자로서 행하셨기 때문이다. 아담이 그랬던 것과 마찬가지다.

* **어떻게 은혜가 세상에 들어왔는가(15절)?**

  "예수 그리스도의 은혜로." 즉 죄와 사망은 아담을 통해 세상에 들어왔고, 은혜와 생명은 예수님을 통해 세상에 들어왔다.

9. 아담과 예수님이 무엇을 했고 그 행동이 어떤 영향을 미쳤는가에 있어서 어떻게 서로 다른가(15-17절)?

아담의 행위("범죄")가 사망을 불러왔다. 예수님의 행위(선물을 주심)가 은혜를 가져왔다. 예수님이 가져오신 구원이 아담이 가져온 죄보다 강력하다(15절). 아담의 한 죄(에덴동산에서 지은 죄, 창 3:1-8절 참조)가 심판과 정죄를 가져왔다. 예수님의 한 '선물'은 모든 죄인들이 의롭다하심을 받을 수 있게 했고, '많은 범죄'를 용서받을 수 있게 했다(16절). 그리스도는 아담의 죄뿐만 아니라, 그리스도를 믿는 모든 사람들의 죄도 덮으실 수 있다.

아담을 통해 사망이 왕 노릇 한다(17절). 그리스도를 통해 사람들이 생명 안에서 왕 노릇 한다.

* **주의**: 이것은 복잡한 구절들이다. 여기서 확실히 알아야 할 기본적 가르침

은 아담의 죄가 사망을 가져온 반면에, 그리스도의 선물은 생명을 가져왔으며, 그리스도의 행위가 아담의 행위보다 위대하고 강력하여 모든 죄를 덮을 수 있다는 것이다.

아담과 예수님의 공통점은 무엇인가(18절)?

대표라는 점에서 비슷하다. 아담의 불순종은 우리를 범죄자로 만들었고, 그리스도의 순종은 우리에게 의(righteousness) 혹은 의롭다하심(justification)을 준다(18절).

10. 바울이 12-18절에서 말한 것이 19절에서 어떻게 요약되는가?

우리가 어떠한 행동을 하기 전에, 아담의 불순종으로 인해 우리는 법적 죄인이 되었다. 다시 말해, 아담은 우리를 대표하기 때문에 우리가 아담 안에서 범죄한 것이다(12절). 그러나 이것이 중요하다. 우리가 어떤 행동을 하기 전에, 예수님의 순종이 우리를 의롭게 만들었다(우리가 아담을 대신해 예수님을 우리의 대표자로 삼을 때 가능하다).

- **왜 예수님 "한 사람이 순종하심"이 우리에게 중요한가?**

  예수님은 삶과 죽음을 통해 하나님 아버지께 완벽히 순종하셨다. 이는 그분이 죄와 사망을 대신해 의와 생명을 주시는 유일한 분이심을 의미한다. 예수님을 우리를 위해, 우리를 대신하여 순종하셨다. 그래서 하나님은 예수님의 순종을 우리의 순종으로 보신다. 따라서 그리스도의 순종은 우리에게 생명 혹은 죽음의 문제이다.

11. 하나님이 대표자를 통해 우리를 다루신다는 것이 좋은 소식인 이유는 무엇인가?

다른 누군가가 자신을 대표하는 것을 본능적으로 싫어할 수 있다. 그러나 만일 우리가 마지막 날 심판대 앞에 선다면 변명의 여지가 없을 것이다(3;19, 3과 참고). 죄는 곧 사망으로 이어진다. 우리는 아담의 범죄로 인해 죄인으로 여겨질 것이다. 그러나 예수 그리스도가 우리의 대표자가 되시면 우리는 그분을 통해 생명을 얻을 수 있다. 그러므로 하나님이 대표자를 통해 우리를 다루신다는 사실은 놀랍고 좋은 소식이다. 예수님이 순종하심으로 우리를 대표하시고, 우리는 예수님 안에서 의롭다하심을 받았다. 그것은 우리의 의와 노력으로는 결코 받을 수 없는 것이다.

12. 로마서 5장을 사용하여, 다음과 같은 사람들을 어떻게 격려하고 도전을 주겠는가?

- **정말 자신이 하나님께 사랑받고 구원받았는지 잘 모르는 그리스도인**

  5-8절: 하나님이 그들에 대한 사랑을 궁극적으로, 객관적으로 보여 주셨다는 것을 밝히라. 그들이 죄악되지만, 그리스도가 그들을 위해 죽기 위해 오셨다. 그리고 그들의 심령 속에 성령께서 역사하고 계신다는 것을 말하라. 아마도 그들은 하나님의 사랑을 분명히 경험했던 적이 있을 것이다. 그리고 또한 이 본문이 그들에게 확신을 줄 것이다. 의롭다하심 받음의 유익을 믿고 그에 따라 살기를 격려하라. 즉 하나님과 화평을 누리고, 하나님과 친구로 교제하고, 하나님을 만나게 될 것을 고대하길 권하라.

- **큰 고난을 당하는 그리스도인**

  3-4절: 고난을 인내, 연단, 소망의 성장 기회로 보라고 격려하라. 기쁨의 참되고 영원한 원천은 주 예수 그리스도를 통해 그들이 하나님 안에서 가진 모든 것임을 일깨우라.

- **죽음을 두려워하는 비그리스도인**

  그들이 걱정하는 것도 당연하다. 그들이 세상을 현실적으로 보고 있다고 격려하라. 죽음은 모든 사람에게 닥친다. 그 이유를 설명하라. 즉 우리가 죄악된 인류에 속해서 죄 속에 태어나서 죽음에 직면하기 때문이다. 그 다음에 예수님이 머리이신 새 인류에 대해 말하라. 예수님이 우리를 대신해 순종하시고 죽으셔서 우리가 하나님 백성이 되고 하나님과 올바른 관계와 함께하는 삶을 누린다. 예수님을 믿으면, 더 이상 죽음에 대해 염려할 필요가 없어진다.

- **"나는 괜찮아요. 나는 나쁜 사람이 아니에요"라고 말하는 비그리스도인**

12-21절에서 말하는 것은 궁극적으로 우리가 "아담 안에" 있는가, 아니면 "그리스도 안에" 있는가이다. 그리스도 안에 있지 않으면, 괜찮지 않다. 그러면 우리는 죄악된 아담이 대표하는 죄악된 인류에 속하기 때문이다. 그러면 우리는 죽음과 정죄에 직면한다. 괜찮아지려면 그리스도께 우리의 대표자가 되어 달라고 요청해야 한다. 하나님은 우리를 죄인이 아니라 온전하게 순종한 자로 여기신다. 우리는 자신이 "나쁘지 않다"고 여길지 모르나, 우리가 아담 안에 있으면, 자연적 인류가 그렇듯이, 죄악으로 죽음에 직면한다.

6. 순종의 이유(6:1-7:6)

그리스도와 연합해 그분의 종이 되다

— 목표

우리가 하나님께 순종하는 것은 스스로 누구인지 알기 때문이다. 즉 우리는 그리스도와 연합했고, 하나님의 종이고, 예수님과 결혼했다.

— 개요

6장 1절에서 7장 25절에 따르면 바울은 네 가지 질문에 대답한다(6:1, 15, 7:7, 13). 이번 과에서 다루는 두 가지 질문은 우리가 오직 은혜로 구원받았다는 것과 왜 그리스도인이 하나님께 순종하는가에 대한 것이다.

이에 대한 바울의 대답은 어떤 면에서는 별다른 것이 아니다. 바울은 그리스도와의 연합을 통해 믿음으로 의롭다하심을 받음의 교리를 재설명하고 적용한다. 그리스도인이 하나님께 순종하는 동기는 우리가 누구인가, 즉 우리의 새로운 정체성에서 나온다. 그 정체성은 우리가 그리스도와 함께 죽었기 때문에 생긴다(6:3-4).

그러나 어떤 면에서 이것은 새로운 단락으로 이어지기도 한다. 로마서 1-5장은 복음 안에서 하나님이 우리를 위해 이루신 것을 설명한다. 6-7장은 8장과 더불어 하나님이 복음을 통해 우리 안에 이루실 것에 대한 이야기다. 본문은 복음이 우리의 생각과 행동에 막대한 변화를 일으키는 다이너마이트라고 설명한다. 복음이 우리의 정체성을 근본적으로 변화시키기 때문이다.

— 한 걸음 더 나아가기

소그룹원들에게 자신이 누구인가를 세 가지 짧은 문장으로 적어 보게 하라. 그것이 그들이 생각하고 느끼고 행동하는 것을 어떻게 달라지게 하는지 물어보라. 정체성이 삶과 행동에 영향을 미친다는 이 개념을 질문 4, 질문 5, 이 과의 마지막에 생각해 볼 수 있다.

— 질문 길라잡이

1. 그리스도인은 행위가 아니라 은혜로 구원받는다. 그런데 왜 하나님께 순종하거나 착하게 살려고 애써야 할까?

복음은 "우리가 의롭게 여김을 받는다"라고 말하므로, 이것은 복음에 대해 물어볼 매우 좋은 질문이다. 도덕적 노력이 구원에 조금도 영향을 미치지 못한다면, 왜 우리는 선한 행동을 해야 하는가? 우리가 방종하게 계속 죄를 짓고 살아도 용서받고 항상 더 큰 은혜를 받는 것이 아닌가? 많은 그리스도인들이 이것에 대하여 어떻게 대답해야 할지 잘 모른다. 한편 어떤 사람들의 대답은 바울이 이 본문에서 하는 대답과 다르다. 먼저 그룹이 토론한 후, 바울의 대답을 살펴보라. 질문 11 까지 마친 후 다시 이 질문에 답하라. 이 과를 공부하고 나서 사람들이 얼마나 더 이해하게 되었는지 볼 수 있다.

2. 1절의 질문에 대한 대답과 이유를 바울이 2절에서 어떻게 제시하는가?

"그럴 수 없느니라! 죄에 대하여 죽은 우리가 어찌 그 가운데 더 살리요."

- "죄에 대하여 죽었다는" 것을 바울은 어떻게 설명하는가?
- 3절: 그리스도인이 세례를 받음으로(그리스도인이 믿었을 때라는 의미) 그리스도의 죽으심과 연합했다(3절). 그리스도가 죽으셨을 때 우리도 함께 죽었다. 그리스도가 죽으셨고, 그로 인해 우리가 죄로부터 자유로워졌다(히 2:14-15). 4-5절: 그리스도의 죽음이 부활과 새생명을 낳았다. 마찬가지로, 우리가 그리스도와 연합하면 새생명을 얻는다. 그리스도를 믿으면 정체성의 변화가 일어난다. 이는 삶의 변화로 이어진다.
- 6-7절: 우리의 옛 사람이 죽음을 당해서 죄의 몸이 함께 죽었다. 죄의 몸은 육체를 통해 표현되는 죄다. 우리의 옛 사람은 믿기 전의 상태와 정체성이다. 그것은 죽고 사라졌다. 옛 사람은 죄가 인성과 삶을 지배한다. 그러나 이제 옛 사람은 그리스도와 함께 죽었다. 그리스도인은 여전히 죄를 지을 수 있지만, 이제는 죄의 권세 아래 있지 않기 때문에 그리스도인은 죄에 대해 죽었다.

   ＊주의: 죄에 대해 죽은 것이 무엇인지를 제대로 보지 못하는 관점들을 주의하라. 그래서 필요하다면 아래 내용을 다루어서 소그룹원들이 그런 오류에 빠지지 않게 도우라.

   - *이제 우리는 죄를 짓고 싶어 하지 않고, 죄가 이제 우리에게 영향을 미치지 않는다.* 만일 이것이 맞다면, 바울이 12-14절에서 죄를 짓지 말라고 권면할 필요가 없을 것이다.
   - *우리는 죄짓지 말아야 한다.* 그것은 합당하지 않다. 일리가 있는 말이지만, 충분하지 않다. 바울은 "너희가 죄에 대해 죽어야 한다"라고 말

하지 않고 "[너희개] 죄에 대해 죽었다"고 말한다.

- *우리는 죄에서 서서히 멀어지고 있고, 죄는 약해지고 죽어간다.* 그러나 바울의 말은 완료된 과거형이고 한 번으로 끝이 났다. 죄가 죽어가고 있는 게 아니라, 죄가 이미 죽었다.
- *우리는 죄에서 돌아서기로 결정했다.* 맞는 말이지만, 바울이 본문에서 말하는 바가 아니다. 죄가 죽은 것은 그리스도가 죽으셨기 때문이지, 우리가 행동하거나 선택했기 때문이 아니다. 이 죄의 죽음은 우리가 죄를 죽이기로 작정한 결과가 아니라, 예수님이 우리를 위해 죽으셨기 때문에 가능한 결과다.

3. 그리스도인이 "그리스도와 함께 죽었기" 때문에 우리가 알게 된 것은 무엇인가 (8-10절)?

우리는 그리스도와 함께 살 것이다(8절). 그리스도에 대한 모든 사실이 우리에게도 동일하게 적용된다.

그리스도가 부활하셨기 때문에 우리도 영적으로 부활했고 앞으로 신체적으로도 부활할 것이다.

그리스도는 다시 죽지 못한다. 죽음이 그분을 주관하지 못하기 때문이다. 그러므로 우리도 다시 죽을 수 없다(여기서 죽음은 신체적 멸망이 아니라 심판과 영벌의 죽음을 의미한다).

그리스도는 하나님을 위해 사신다. 그러므로 우리도 하나님을 위해 살 것이고 하나님을 위해 살아야 한다.

에베소서 1장 3-14절, 2장 1-10절은 우리가 그리스도와 연합했기 때문에 그리스도 안에서 무엇을 가졌다고 가르치는가?

우리가 그리스도와 연합하여 받는 축복에 대한 많은 진리가 말씀에 있다. 바울은 "그리스도 안에, 그 안에, 그와 함께"라고 말할 때마다 축복에 대해 말한다. 특정한 축복에 치중하지 말고, 그리스도와 연합할 때 받는 전반적인 축복에 주목하라.

- 모든 신령한 복(1:3)
- 하나님이 택하심(1:4, 11)
- 하나님의 아들들이 되게 하심(1:5)
- 하나님으로부터 은혜를 받음(1:6)
- 하나님을 찬양하고 하나님을 위해 살 수 있음(1:12)
- 성령을 받음(1:13) 13절에서 어떻게 그리스도 안에 있을 수 있는지 말하는 것에 주목하라. 복음을 듣고 믿음으로 가능하다.
- 우리가 죽었고 하나님의 진노 아래 있을 때 살리심을 받음(2:5)
- 우리를 일으키사 하늘에 앉히심(2:6)
- 지금 하나님의 자비하심을 보고 경험함. 그것은 우리가 미래("오는 여러 세대")에 누릴 것에 대한 맛보기임(2:7)

우리는 어떻게 화답해야 하는가(1:3, 6, 12, 14)?
찬양해야 한다. 우리가 믿음으로 그리스도와 연합하여 갖게 된 모든 것을 이해한다면, 우리는 하나님을 찬양하고 하나님을 위해 살 것이다(12절).

4. 그리스도와 함께 죽은 자에게 바울이 11-14절에서 적용하는 것은 무엇인가?

- 부정적 측면: 죄에 대해 죽은 것으로 보라(11절). 그래서 죄가 지배하지 못하게 하라. 즉 죄의 악한 욕망에 순종하여 죄가 어느 부분도 다스리는 일이 없게 하라(12절). 죄가 우리를 주장하지 말아야 한다(14절).
- 긍정적 측면: 스스로 하나님께 대하여 살아 있는 자로 여기라. 즉, 하나님께 순종하고 하나님을 기쁘시게 하고 하나님을 아는 것을 누리며 살라(11절). 네가 가진 모든 것을 능동적으로 하나님께 드리라(13절). 은혜가 너를 주장하고 다스리게 하라(14절).

소그룹원들에게 생각, 행동, 몸의 특정 부분을 죄악된 욕망의 지배에 넘겨 주는 것을 멈출 방법들을 생각해 보게 하라. 하나님께 순종하기 위해 생각, 행동, 신체 부위를 적극적, 의식적으로 사용할 방법들을 생각해 보게 하라. 우리가 죄의 유혹을 받을 때, 죄악된 욕망을 따르지 않아야할 뿐 아니라, 그 순간에 하나님을 위해 살아야 함을 알려 주라.

5. "만일 내가 죄에 빠진다면, 그것은 내가 그리스도 안에서 누구인가를 깨닫지 못하기 때문이다." 이것이 바울의 메시지를 잘 요약한다고 생각하는가?
만일 우리가 범죄한다면, 예수님이 새생명으로 부활하실 때 함께 부활한 사람이라는 정체성을 거스르는 것이다. 그것은 마치 우리가 예수님과 함께 죽지 않았던 것처럼, 아직도 믿기 전의 사람인 것처럼 사는 것이다.

6. 우리는 누구 혹은 무엇을 자유롭게 선택해서 섬길 수 있는가(16-18, 22)?
죄, 혹은 순종(16절), 의(18절), 하나님(22절)을 선택해서 섬길 자유가 있다.

⌄

- 인간의 자유에 대해 바울이 말하는 것은 무엇인가? 아무도 자유롭지 않다. 모든 사람은 종이다! 우리는 모두 어떤 것을 위해 살고, 자신을 그것에 드려서 섬기거나 그것을 위해 산다(바울이 1:18-32에서 말하듯이, 우리는 창조주나 피조물을 섬긴다). 우리가 섬기기로 선택하는 것이 우리의 주인이 되고, 우리는 종이 된다. 궁극적으로, 하나님이나 죄, 둘 중 하나가 주인이다.

7. 바울은 두 가지 주인을 어떻게 비교하고 대조하는가?
- 19절: 죄의 종이 되면 갈수록 악화된다. 악이 점점 더 커진다. 우리가 특정한 목적을 위해 행동하면, 그 행동이 우리의 인격을 형성하여 다음에 또

그렇게 하기 쉬워진다. 우리 자신을 죄에 내어 주면 불순해지고 죄가 점점 더 커진다. 하나님의 종이 되는 것도 마찬가지다. 그러면 우리의 인격과 의지가 의로운 습관을 형성하여 점점 더 거룩해질 것이다.

- 21-22절: 죄의 종은 사망을 낳는다. 궁극적으로 본문에서 영원한 정죄와 하나님과의 분리로 이어진다. 그러나 바울은 여기서 그리스도인들이 믿기 전에 경험했던 죽음에 대해 말한다. 삶의 깨어짐에 대해 말한다. 그것은 하나님이 아닌 다른 것의 종이 되는 "죽음"이며, 만족이나 안전을 주지 못한다. 바울은 죄를 섬기면 깨어짐이 있을 뿐이라고 말한다. 그러나 하나님의 종이 되면 완전히 다른 결과를 낳는다. 그것은 현재의 거룩한 삶과 앞으로 다가오는 영생이다.

- 23절: 죄로 말미암아 우리가 받아 마땅한 삯은 사망이다. 하나님은 우리가 받을 자격이 없는 선물을 주신다. 그것은 영생이다. 우리가 하나님을 섬긴다고 해서 하나님으로부터 오는 생명을 당연히 받아야 하는 것은 아니다. 하나님이 우리에게 생명을 선물로 주셨기 때문에 우리는 하나님을 섬긴다.

- 어떤 사람이 이렇게 말했다. "나는 그리스도인이 되고 싶지 않아요. 나의 자유를 포기하고 싶지 않으니까요." 20절에서는 자유에 대해 어떻게 말하는가? 그리스도를 믿고 하나님을 섬기지 않으면, 자유에 의가 없다. 비그리스도인의 자유는 하나님과의 올바른 관계 안에 있지 않고, 하나님 앞에서 올바른 삶을 누리지 못한다. 그런 자유는 가치가 없다.

8. 그것은 다음과 같은 견해들에 어떻게 대답하게 도와주는가? (시간이 부족하다면, 그룹을 넷으로 나누어서 각 그룹마다 한 질문씩 답하게 하거나, 모두 함께 네 가지 중 한두 가지만 선

택해 대답하라)

- **"어떤 죄를 끊을 수가 없어요."**

  비그리스도인이 그렇게 말한다면, 일리가 있다. 죄가 그들의 주인이고, 그들은 죄의 권세 아래 있기 때문이다. 그러나 만일 그리스도인이 그렇게 말한다면, 정체성을 잃은 것이다. 그리스도인은 죄를 지을 필요가 없다. 왜냐하면 죄의 지배와 주관에서 해방되었기 때문이다. 물론 그리스도인도 여전히 죄를 지을 수 있다. 하지만 반드시 죄를 지어야만 하는 것은 아니다.

- **"죄를 짓지 않기로 작정했고, 늘 다시 다짐하고 있어요."**

  여기서 죄를 짓지 않겠다는 동기는 바울이 말하는 것과 다르다. 이를 악물고 죄를 피해야 하는 것이 아니다(그렇게 해서 되지 않는다. 그것은 소용이 없다). 그리스도 안에서 자신의 정체성을 기억해야 한다. 우리의 죄악된 옛사람은 죽었고, 새로운 내가 있다. 왜 우리가 죄짓기를 원하겠는가? 이제 우리는 하나님을 위해 살 수 있고, 새로운 정체성에 따라 살 수 있다. 그것이 우리가 죄짓지 않는 동기다.

- **"비신자 친구들의 자유가 부러워요."**

  비신자 친구들은 자유롭지 않다. 그들은 무엇인가의 종이다. 그들이 그것을 섬기고 나서, 결국 깨짐과 정죄만 남을 것이다. 그들이 누리는 자유에는 의가 없다.

- **"하나님이 내 안에 역사하셔서 나를 변화시키시므로 나는 그냥 하나님이 다 하시게 두면 돼요."**

  성경은 우리에게 진리를 실행하고 살아내는 노력을 할 필요가 없다고 말하지 않는다. 우리는 성경이 우리에게 말하는 대로 살기 위해 성심껏 노력해야 한다. 우리는 하나님이 우리 안에 역사하고 계심을 아는 가운데 하나님의 뜻대로 살기 위해 노력한다(빌 2:12-13 참조).

9. 결혼은 다음에 대해 무엇을 가르치는가?

- **신자와 율법의 관계에 대해**

  우리는 율법에서 해방되었다. 즉 구원받기 위해 율법에 순종하려는 동기로부터 해방되었다. 그것은 배우자의 죽음으로 결혼 관계가 끝나는 것과 같다. 율법은 살아 있는 사람만 구속하는데, 예수님이 죽음과 함께 우리도 죽었다. 결혼에 있어서는 남편의 죽음이 부인에게 재혼할 자유를 주고, 우리의 경우에는 우리의 죽음이 율법으로부터 자유를 준다.

- **신자와 주 예수님과의 관계에 대해**

  이제 우리는 그리스도께 속한다(4절, 새번역). 그리스도 안에서 율법과의 '결혼'을 끝내는 목적은 다른 사람에게 속하게 하려는 것이다. 그리스도인이 되는 것은 관계와 소속의 완전한 변화를 이룬다. 그리스도인이 되는 것은 예수님과 사랑에 빠져서 법적이면서도 개인적인 관계에 들어가는 것이다. 그것은 결혼이라는 총체적인 관계다.

10. 결혼은 어떤 면에서 자유를 구속하는가? 그러면서도 왜 합당한 결혼은 기쁨을 주는가?

결혼하면 자신이 하고 싶은 대로만 하고 살 수 없다. 배우자를 배려할 책임이 생기기 때문이다. 또한 결혼하지 않은 것처럼 다른 사람과 결혼할 수 없다. 당신은 배우자에게 매여 있다. 한편 독신이라면 누리지 못했을 사랑, 친밀감, 용납, 안전을 경험할 가능성이 크다. 그래서 자유를 포기하는 것이 부담이 아니라 기쁨이 된다. 당신이 행복한 결혼생활을 하고 있다면, 배우자에게 기쁨을 줄 때 당신도 기쁘다. 의무감이 아닌 기쁨으로 배우자를 섬길 수 있다.

- **어떤 식으로 이 성경 구절들은 예수님의 길로 살려는 큰 동기를 부여해 주는가.** 이는 그리스도인이 왜 하나님께 순종하는가에 대한 바울의 궁극적 대답이다. 그것이 예수님을 기쁘시게 하기 때문이다. 우리는 율법과 결혼하지 않았다. 구원받기 위해 율법에 순종해야 하는 것이 아니다. 우리는 그리스도와 결혼했고, 그리스도를 기쁘시게 하려고 율법에 순종한다. 우리는 그리스도께 순종해야만 하는 것이 아니라, 그리스도께 순종하기를 원한다. 왜냐하면 우리가 그리스도를 사랑하기 때문이다. 우리에게 순종은 짐이 아니라 기쁨이다.

  - 결혼이 "우리가 영의 새로운 것으로 섬길 것이요 율법 조문의 묵은 것으로 아니할지니라"라는 말씀의 의미를 이해하도록 어떻게 도와주는가(6절)? 성경에 기록된 하나님의 율법이 낙후된 것이어서, 우리가 알거나 순종할 필요가 없다는 말이 아니다. 바뀐 것은 우리의 동기다. 우리는 율법으로 구원받으려고 율법에 순종하는 것이 아니다. 우리가 그리스도께 속하고 하나님께 사랑받는다는 확신을 성령이 주시므로 우리는 남편이신 그리스도를 사랑하여 율법에 순종한다. 이제 율법은 우리의 주인이 아니다. 그리스도가 우리의 주인이시다.

11. **"은혜로 구원받은 이들이 하나님께 순종하기 위해 노력하는 이유는 무엇인가?" 이 질문에 다음 구절들로 답해 보라.**

- **6:1-14**
  우리가 예수님과 함께 죽었을 때, 죄에 대해서도 죽었다. 우리는 새로운 사람이고, 새 삶을 살 수 있는데, 왜 옛 삶과 죄로 돌아가겠는가?

- 6:15-23

  우리는 하나님의 종이거나 죄의 종이다. 하나님의 종으로 살면 거룩함과 생명을 낳는다. 죄의 종으로 살면 깨짐과 죽음을 낳는다. 그러므로 왜 하나님께 순종하지 않고 죄에 순종하겠는가?

- 7:1-6

  우리는 그리스도와 함께 죽어서 그리스도께 속하고 그리스도와 결혼했다. 그러므로 우리는 그리스도를 기쁘시게 하기 위해 하나님께 순종한다. 그것은 두려워서가 아니라 하나님을 사랑하기 때문이다.

7. 내면의 전쟁(7:7-25)

내 안의 죄와 씨름하다

— 목표

율법은 우리의 죄를 노출시키고, 죄는 율법을 이용하여 죄를 더 불러일으킨
다. 원하지 않는데도 죄를 짓는다는 현실을 경험하면서 우리는 낙심하게 되
지만, 그리스도의 구원으로 인하여 소망을 갖는다.

— 개요

이제 바울은 자신의 회심과 신앙생활에 대해 매우 정직한 통찰을 한다. 복잡
한 단락이지만 전체를 보며 읽으면 큰 메시지를 분명히 알게 된다.

첫째, 바울은 율법(우리는 율법에 매여 있고, 율법은 죄악된 욕망을 부채질하고, 따
라서 율법은 우리를 사망으로 이끈다, 4-6절)이 나쁘거나 죄악된지 질문한다. 그리
고 바울은 율법 자체가 헛되거나 흠이 있지 않다고 대답한다. 율법을 헛되게

만든 것은 바울의 죄였다. 율법이 그의 죄를 드러냈고, 그의 죄가 율법을 이용하여 죄를 짓게 했다. "탐내지 말라"라는 말씀을 읽으니까 탐내게 되었다. 바울의 말을 요약하면 율법은 선하지만 자신은 죄악되다는 것이다.

다음으로 바울은 율법이 우리를 죽음에 이르게 하는지 묻는다. 대답은 아니다. 오히려 죄가 우리를 죽인다. 그 질문에 대답하면서 바울은 자신이 그리스도인으로서 겪는 내적 전쟁에 대해 설파한다. 그 전쟁은 하나님을 사랑하고 하나님께 순종하기 원하는 참 자아와 자신이 진정으로 원하지 않는 것을 하게 하는 죄악된 자아 사이에서 벌어진다. 바울이 자신의 이야기를 솔직하게 나누는 것이 그리스도인에게 위로가 된다. 우리도 순종하기 원하지만 순종하지 못할 때 똑같은 전쟁과 비참함을 경험한다(혹은 경험해야만 한다). 그리고 우리도 24-25절의 바울처럼 그리스도가 우리를 구원하실 것이라는 동일한 소망을 갖는다.

* 주의: 이 단락에 대한 두 가지 중요한 질문이 있다. 첫째, 7-12절에서 바울은 누구에 대해 말하고 있는가? 9절에서 바울은 "전에 율법을 깨닫지 못했을 때에는(율법과 떨어져 있을 때에는) 내가 살았더니"라고 말한다. 어떻게 유대인이 "율법과 떨어져 있을" 수 있는가? 또한 로마서 1-3장에서 복음 없이는 아무도 하나님과 올바른 관계에 있을 수 없다고 했는데 어떻게 바울이 살았을 수 있는가? 답은 바울이 율법의 요구를 정말로 이해하지 못했다는 의미로 "율법과 떨어져 있었을" 수도 있다는 것이다. 바울은 율법의 요구를 외적, 행동적 코드로만 보았고, 그것이 마음의 태도도 말한다는 것을 보지 못했다. 그래서 바울은 자신이 살아 있다고 스스로 인식했다. 그는 자신이 하나님을 기쁘시게 하고 하나님이 그를 받으신다고 생각했지만, 사실은 그렇지 않았다.

둘째, 13-25절에서 바울은 비신자인 자신에 대해 말하는 것인가, 아니면 신자인 자신에 대해 말하는 것인가? 많은 사람들이 그 질문을 심사숙고해 보고서도 의견이 갈렸다. 어떤 사람들은 그리스도인이 "나는 육신에 속하여 죄 아래에 팔렸도다"라고 말할 수 없다고 생각한다(14절). 또한 바울은 죄를 반복해서 강박적으로 시인한다(15, 18절). 그러나 바울이 현재 그리스도인이 되고 나서의 경험에 대해 말하고 있다는 증거들이 더 분명하다.

- 동사의 시제가 다르다. 즉 7-13절은 과거형이고, 14절 이하는 현재형이다.
- 7-13절에서는 죄가 그를 "죽였다"라고 말한다. 14-23절에서는 그의 내면의 지속적 고투에 대해 말한다.
- 여기서 바울은 하나님의 법을 즐거워한다(22절). 반면에 8장 7절에서 비신자는 마음 깊은 곳에서 하나님의 법을 즐거워하지 못한다고 말한다.
- 바울은 자신이 잃어버려진 죄인임을 인식한다(18절). 7-13절에서 비신자들은 자신이 잃어버려진 상태라는 것을 자각하지 못한다.
- 바울은 자신이 아닌, 예수님의 구원에서 소망을 발견한다(24-25절).

— 질문 길라잡이

1. 하지 않겠다고 결심했던 것을 한 적이 있는가? 무엇이 원인이었는가? 그때 기분이 어땠는가?

이것은 매우 문제일 수 있다(예를 들어 위험하게 운전했다, 아이들에게 화를 냈다). 혹은 덜 심각한 것일 수도 있다(예를 들어 특정한 옷을 입었다, 어떤 나쁜 말버릇을 고쳐야지 하면서도 다시 말했다). 이 질문은 로마서 7장 후반부의 주제 도입을 위한 것이다. 즉 우리가 그리스도인의 삶을 살면서도 자신이 원하는 것을 하지 않고(바울이 그랬던 것처럼), 순종하기로 작정했으면서도 하나님께 불순종하는 것에 대한 이야기다.

2. 율법의 목적은 무엇인가(7절)?

율법은 우리에게 죄의 특징을 보여 주는 것이 목적이다. 바울이 율법을 읽지 않았다면 죄를 몰랐을 것이다. 율법은 죄를 드러나게 한다.

3. 우리가 율법을 읽을 때 죄는 무엇을 하는가(8-10절)?

율법을 통하여 죄를 부추긴다. 하나님의 계명이 우리에게 임하면, 죄가 우리 마음속을 들쑤시고 부추긴다. 우리가 율법을 읽을 때, 죄가 자란다. 그것이 바로 바울이 "율법이 없으면 죄가 죽은 것임이라"라고 말한 의미다(8절). 악한 일을 하지 말라는 율법을 알기 전까지 우리는 악을 행하려는 충동을 느끼지 않을 수 있다. 하지만 율법을 들으면 우리의 죄가 기회를 잡고(8절) 살아난다(9절). 예를 들어 숲길을 걸어가면서 숲에 들어가려는 생각이 전혀 없다가도 '입산 금지'라는 표지를 보면 숲에 무엇이 있을까 갑자기 궁금해지고 들어가 보고 싶고, 숲에 들어가는 것을 금지하는 것이 부당하다고 느껴진다. 들어가지 말라는 명령이 오히려 들어가고 싶게 부추긴 것이다.

4. 탐내지(즉 시기하지) 말하는 명령이 왜 바울을 죽였다고 생각하는가?(그리스도인이 되기 전의 바울은 율법을 외적으로 지키는 데 초점을 두었다는 것을 기억하며 답하라)

바리새인이었던 바울은 죄를 외적인 행동으로만 인식했었다. 그래서 자신이 그 누구보다도 율법에 순종하고, 잘 지킨다고 생각했다. 일례로 바울은 십계명을 보며 외적인 행동 규칙으로만 여겼다. 그러나 "탐내지 말라"라는 계명은 내적 태도 및 마음의 문제와 직결된다. 이는 하나님이 주신 것에 불만족하지 말라는 계명이기 때문이다. 이를 외적 행동 규칙으로만 볼 수는 없다.

- 바울이 "탐내지 말라"라는 계명을 진지하게 생각하자 무슨 일이 일어났는가(11절)?

    죄가 갑자기 살아났다. 즉 탐심이 일어났다(8절). 그리고 바울은 자신이 죄인임을 깨달았다. 그래서 계명을 읽고 이해하는 것이 "나를 죽였다"(11절)라고 말한다.

5. 당신의 삶에서 예를 찾아보고 나누라.

* 하나님의 법을 읽자 당신의 죄가 어떻게 드러났는가?
* 죄성이 당신이 하나님의 율법을 읽는 것을 이용하여 어떻게 죄짓도록 부추겼는가?

6. 가장 깊은 곳의 진정한 바울의 모습은 어떤가?

22절 이하로 이 질문에 대답하라. "내 속사람으로는 하나님의 법을 즐거워하되." 그것은 '내 마음 가장 깊은 곳에서는' 혹은 '진정한 나 자신은'이라는 의미이다. 바울은 모든 사람이 내면에 상충하는 여러 욕망들을 가지고 있음을 안다. 즉 우리는 어떤 면에서 다중 자아를 갖는다. 바울의 진정한 자아는 하나님의 법을 즐거워하고 순종하기 원한다(15, 18절). 바울의 진정한 자아, 즉 그의 견해와 태도를 궁극적으로 지배하는 자아는 하나님을 사랑하고 하나님의 법을 따르고자 한다.

* 갈등이 생기는 이유는 무엇인가?

그리스도인이라도 아직 내면에 죄성이 있기 때문이다(18절). 그것은 바울이 싫어하는 것을 하는 바울의 본성의 일부다(15절). 그래서 바울은 율법을 지키기 원하지만 지키지 못한다. 마땅히 살아야 하는 대로, 또 바울이 바라는 대로 살지 못한다. 하나님을 사랑하는 새롭고 진정한 바울과 하나님을 거슬러 반역하는 죄악된 옛 바울 사이에는 항상 갈등이 있기 마련이다. **＊주의**: 바울이 "법 혹은 율법을 세 가지 방식으로 사용한다는 것을 알면 도움이 된다. 첫째, 때로 율법은 하나님의 율법을 의미한다(14, 16, 22, 25). 둘째, 21절에서 바울은 원리라는 의미로 법이라는 단어를 사용한다. "내가 한 법을 깨달았노니." 바울의 말은 다음과 같다. "나는 이것이 일반 원리라는 것을 발견했다. 내가 더 선을 행하려 할수록 더 많은 악이 나에게 접근한다."

셋째, 바울은 법이라는 단어를 사용하여 힘이나 능력을 표현한다(23, 25절). "내 지체 속에서 한 다른 법이 … 싸워 … 죄의 법." 즉 이 말의 뜻은 다음과 같다. "나의 마음 가장 깊은 곳에서, 나의 속사람에서(22절), 내 마음에서(23절) 나는 하나님의 법을 즐거워한다. 하나님의 법은 이제 나의 마음과 생각 속에서 주된 능력이다. 그러나 내 안에는 다른 능력도 존재한다. 그것은 죄의 능력이다. 그것은 나의 마음을 지배하는 영향력은 아니지만, 여전히 내 안에 있으면서 거룩함을 추구하는 나의 가장 깊은 갈망과 싸운다."

7. 바울은 자신에 대해 어떤 결론을 내리는가(24절)?
"오호라 나는 곤고한 사람이로다."

- **그것이 공정한 자기 평가라고 생각하는가? 왜 그런가, 혹은 왜 아닌가?**
그것이 공정한 자기 평가이며 동시에, 불편한 진실이다. 왜냐하면 사도 바울이 자신의 생각과 행동을 보고 비참하다고 느꼈다면, 우리도 동일하기 때문이다. 그러나 바울의 견해는 정확하다. 바울은 무엇이 옳고, 무엇이 하나님을 기쁘시게 하는지 알고 있었다. 그는 옳은 행동을 추구하지만 잘못된 행동을 했다. 그는 죄가 무엇이고, 죄가 누구의 마음을 아프게 하는지 알고 있지만, 여전히 죄를 짓는다.

8. 어떻게 바울은 그런 비참함 가운데서도 소망을 잃지 않는가(24-25절)?
바울은 소망이 없지만 자신과 자신의 죄악됨에서 눈을 돌려 하나님이 예수 그리스도를 통해 하신 일을 바라볼 수 있었다. 바울은 스스로를 구원하지 못한다. 그리고 그럴 필요도 없었다. 예수님이 죽으셨고 예수님이 그리스도인을 해방하기 위해 다시 오실 것이다.

9. 바울이 그리스도인으로서 경험한 것이 우리에게 어떤 경고와 위로가 되는가?

그리스도인으로서 바울과 같은 경험이 전혀 없는 사람은 없을 것이다. 이와 같은 경험이 우리에게 주는 경고는 다음과 같다. 스스로 죄를 넘어섰다고 생각한다면 이미 속은 것이다.

또 죄와 씨름하지 않을 정도로 발전한 사람은 아무도 없다. 우리가 늘 죄와 싸워야 함을 기억하는 것이 매우 중요하다. 본문 말씀은 우리의 거룩함이 더해질수록 죄가 강하게 공격할 것이라고 알려 준다.

만약 지금 영적 씨름과 고투로 인해 어려움을 겪고 있다면, 이것이 성장하는 발판이 됨을 기억하는 것이 큰 위로가 된다. 죄와 싸우는 것, 심지어 반복되는 죄와 싸우는 것이 그리스도인이 경험하는 일이다. 우리가 하나님께 순종하지 못해서 비참함을 느낀다고 해서 그것이 구원받지 못했다는 증표가 아니다.

24-25절이 가장 큰 위로가 된다. 그리스도가 우리의 실패로 인해 죽으셨다. 그리고 그리스도가 마침내 우리를 죄에서 구하실 것이다. 우리는 하나님 나라에서 완전한 순종을 이루며 살게 될 것이다. 최후 승자는 우리의 죄가 아니다. 예수 그리스도만이 진정한 승자이시다.

10. 찰스 시므온의 말이 바울의 태도를 어떻게 잘 요약해 주는가?

비참성, 즉 우리는 옳은 것을 알고 갈망하지만 여전히 잘못을 저지른다는 진실을 받아들이지 않고는 복음의 영광을 결코 알지 못한다. 우리의 악함으로 인하여 심령이 진정으로 부르짖어야만 우리는 "누가 나를 건져내랴 우리 주 예수 그리스도로 말미암아 하나님께 감사하리로다"가 무슨 의미인지 이해할 수 있다. 그러므로 자신이 할 수 없다는 인식과 그리스도의 구원에 감사하는 인식은 병행하며 자란다.

- 우리의 악함에 대해 "곤고하다"고(비참하다고, 24절) 느끼지 못하게 막는 것은 무엇인가?

  소그룹원들의 의견을 들어보라. 가령 이런 의견이 나올 수 있다.

  - 하나님의 율법을 읽고 묵상하지 않아서 죄가 무엇인지 모른다.
  - 죄의 심각성을 모른다. 혹은 죄의 심각성을 알지만, 핑계를 댄다("그가 그렇게 함부로 운전하지 않았다면, 내가 그에게 소리 지르지 않았을 거야").
  - 다른 그리스도인들이 우리를 위해 핑계를 대기도 한다.

11. 본문을 읽고 다음에 답하라.

- 죄에 대해 안일한 그리스도인에게 어떤 도전을 주겠는가?

  "바울이 자신의 죄에 대해 24절대로 결론을 내렸다면, 우리도 그래야 하지 않겠어?"

- 죄에 짓눌린 그리스도인에게 어떤 용기를 주겠는가?

  "네가 비참하다는 것을 안다면, 이제 그리스도 안에서 너에게 베풀어 주신 은혜를 알고 소중히 여기면 돼! 네가 실패했다는 생각에 짓눌릴 필요가 없어. 그리스도가 그것을 위해 죽으셨어. 네가 큰 죄인이지만, 그리스도가 그보다 더 크신 구원자라는 것을 알고 기뻐하면 돼."

— 한 걸음 더 나아가기

로마서 1-7장 전체를 다시 한번 읽으라. 리더가 전체를 다 소리 내어 읽고, 소그룹원들은 당신이 읽는 것을 들으면서 그동안 공부한 놀라운 복음을 듣고 묵상하게 하는 것이 가장 좋다.

죄와 사망의 법에서 생명의 법으로

— 목표

그리스도인에게는 결코 정죄함이 없다. 우리는 자유롭게 성령의 인도하심에 따라 산다. 이는 우리가 복음의 진리를 생각함으로 가능하다.

— 개요

로마서 7장에서 바울은 잔존하고 내주하는 죄와 그리스도인이 여전히 씨름한다는 것을 알려 주었다. 죄 때문에 우리는 원하는 대로 하지 못한다. 8장에서 바울은 하나님의 아들이 우리에게 생명을 주심을 말한다. 이는 우리가 계속 죄를 지어도 그리스도 안에 있는 자들은 하나님으로부터 정죄받지 않고, 정죄받을 수도 없다는 것을 가르쳐 준다. 이어서 바울은 어떻게 성령에 따라 살아야 할지 알려 준다. 죄를 물리치는 방법은 성령을 따라 사는 것이다. 우리는 성령께 생각을 고정하여, 성령의 것들, 즉 복음이 우리의 생각을 통제하게 해야 한다(5절).

이제 질문 2에서 로마서 전반부를 되살펴보는 것으로 이야기를 시작한다. 그래서 바울이 복음에 대해 로마서 1-7장에 이르러 말한 것을 그룹이 이해하게 한다. 만약 로마서 1-7장을 공부한 후 곧바로 이 가이드북을 공부한다면 질문 2를 건너뛰어도 된다.

— 한 걸음 더 나아가기

공부하기 전에 소그룹원들에게 로마서 1-7장(모든 사람이 한 단락씩 맡을 수 있도록 나누라)의 단락들을 각자 한 단락씩 맡아서 바울이 하나님에 대해, 복음에 대해 가르친 것을 요약해 달라고 부탁하라. 《당신을 위한 로마서 I 》이나 존 스토트의 《BST 로마서 강해》(*The Bible Speaks Today*)의 해당 부분을 읽어도 좋다.

— 질문 길라잡이

1. 당신은 여유 시간에 무슨 생각을 하는가?

• 여유 시간의 모습이 자신에 대해 무엇을 말해 준다고 생각하는가?

첫 번째 질문은 정답이 없다. 두 번째 질문은 우리가 할 일이 딱히 없을 때 우리의 생각이 어디로 자연스럽게 향하는가가 우리의 우선순위를 결정하고, 우리의 가장 큰 기쁨이 어디에 있는지를 알려 준다는 것을 깨닫게 한다. 질문 10과 마지막 개인적 적용도 이 질문과 관련된다.

2. 다음 구절들을 읽고서 바울이 8장 1절에서 하는 말이 무엇인지 이해하라.

이 질문은 로마서 1-7장의 가르침을 요약하기 위함이다. 그러므로 각 문단을 너무 오래 토론하지 말라. 핵심은 각 문단에서 바울이 말하는 주안점을 보는 것이다. 시간을 절약해야 한다면, 처음 네 문단만 보라.

- **1장 18-21절**

  하나님의 진노, 하나님이 정하신 의로운 분노가 하나님에 대한 진리를 억누르고 대신 다른 것들을 예배하는 사람들에게 부어진다.

- **2장 1-3절, 5절**

  자신을 낫다고 여기고 1장에 묘사된 다른 사람들을 판단하는 사람들, 즉 종교적인 사람들도 나은 게 없다. 그들도 하나님께 반역하기 때문이다. 그들은 하나님의 자비를 구할(회개할, 5절) 필요가 없다고 생각한다. 그래서 하나님의 진노에 직면한다.

- **3장 9-11절**

  아무도 의롭지 않다. 즉 아무도 하나님과의 올바른 관계에 있지 않다. 자연적으로는 아무도 하나님을 이해하거나 찾지 않는다.

- **3장 21-26절**

  이 문단에서 사용된 단어들을 설명할 필요가 있다.
  * 율법 - 하나님의 명령과 기준
  * 의롭다하심을 얻음 - 무죄로 드러남, 평판에 흠이 없음
  * 구속 - 값을 치러 산 자유
  * 화목제물 - 문자적으로 유화(宥和), 즉 진노를 돌이킴

  하나님이 불의한 사람을 의롭게 만드셨고, 죄악된 사람을 무죄하게 하셨다. 하나님의 아들을 보내셔서 죄에 대한 진노의 형벌을 대신 받아 죽게 하셨다. 그러므로 하나님은 정의로우시다. 즉 하나님이 죄를 벌하셨다. 그리

고 또한 하나님은 죄인들을 의롭다 하시고, 그들이 하나님과 올바른 관계를 갖게 하신다.

- 5장 1-2절

  의롭다하심을 받아서 우리는 하나님과 화평하게 되었다. 우리는 하나님의 친구다. 그렇기 때문에 우리는 하나님께 온전히 나아갈 수 있다. 우리는 언젠가 영광 속에 하나님과 함께 있을 것이고, 하나님의 완전한 임재 안에 거하게 된다.

- 6장 5-7절

  믿음은 우리를 예수님과 연결시킨다. 그래서 그분의 죽음이 우리의 죽음이고, 예수님의 부활이 우리의 부활로 연결된다. 우리의 죄악된 자아는 예수님과 함께 죽었다. 그래서 우리는 죄로부터 자유롭다. 즉 우리가 죄지을 수 있지만, 반드시 죄를 지어야만 하는 것은 아니다.

- 7장 21-25절

  우리는 여전히 죄악되다. 우리의 속사람이 원하는 것만큼 하나님께 순종하지 않는다. 그래서 늘 예수님께 구조되어야 한다.

3. "결코 정죄함이 없나니"라는 말이 무슨 의미인가? 로마서 8장 1절을 당신의 언어로 표현해 보라.

이는 책임이나 처벌로부터 자유롭다는 의미다. 당신은 이제 어떤 혐의에 대해서도 유죄가 아니다. 당신은 아무 고발이나 형벌을 두려워할 필요가 없다. 그러므로 8장 1절을 이렇게 풀어볼 수 있다. "그리스도 예수를 믿는 사람은 누구든지 하나님의 고발이나 벌을 두려워할 필요가 없다."

바울은 "결코 정죄함이 없나니"라고 말한다. 과거만이 아니라 현재나 미래도 그렇다. 그것이 중요한 이유는 무엇인가?

많은 사람들이 그리스도인이 일시적으로만 하나님의 정죄에서 벗어났다고 생각한다. 우리가 죄를 자백하면 용서받지만, 그것은 우리가 다시 죄를 짓지 않을 때까지만이라고 여긴다. 우리가 죄를 지으면, 다시 죄를 자백할 때까지 정죄 아래 있다고 생각한다. 만약 이 말이 맞다면 그리스도인은 늘 죄와 정죄 하나님 사랑과 용납 사이를 오고갈 것이다.

그러나 바울은 말한다. 우리가 그리스도 안으로 들어온 순간, 그리스도가 우리를 위해 죽으셨음을 믿는 순간, 정죄는 영원히 사라졌다. 우리의 행위에 상관이 없다. 우리가 그리스도 안에 있으므로 우리는 다시 고발되지 않고 용납과 환영만 받을 뿐이다.

4. "생명의 성령"이 바울과 모든 그리스도인들을 위해 한 일은 무엇인가(2절)?

죄와 사망의 법에서 나를 해방했다. 여기서 법은 '몰아가는 힘'을 의미한다. 즉 그것은 우리를 지배한다(소그룹원들에게 이것을 먼저 설명해 주면 좋을 것이다). 즉 1절에서 우리는 죄의 정죄에서 해방되었다. 2절에서 우리는 이제 죄의 권세 아래 있지 않다. 그것은 우리가 죄를 짓지 않는다는 말이 아니다. 우리가 이 제는 죄의 권세 아래 있지 않기 때문에, 반드시 죄를 지어야만 하는 것이 아니라는 뜻이다.

5. 율법이 할 수 없었던 것은 무엇이며, 이유는 무엇인가(3절)?

1-2절의 위대한 선언 후에 3절이 등장함을 명심하라. 그러므로 율법, 즉 하나님의 계명을 따르려고 애쓰는 것이 우리를 정죄받지 않는 상태로 만들지 못하고, 죄에 저항할 능력도 주지 못한다. 우리의 죄성 때문에 율법은 무력하다. 우리는 죄를 짓는다. 따라서 우리는 율법을 지키지 못한다. 그러므로 율법이 우리를 구원하지 못한다. 우리는 죄인이고, 율법은 오히려 죄의 권세를 증가

시킬 뿐, 죄의 권세를 없애지 못한다(7:7-8 참조).

- **하나님은 어떻게 하셨는가?**
  첫째, 아들을 보내 인간이 되게 하시고 속죄제물로 삼으셔서 죄의 빚이 십
  자가에서 청산되게 하셨다.

  둘째, 예수님이 하신 일 덕분에 이제 우리는 성령을 가질 수 있다(4절).
  성령이 우리에게 능력을 주셔서 율법의 의로운 요구를 충족시키게 하신
  다. 하나님이 그 아들을 보내셔서 성령을 보내실 수 있으셨고 성령이 우리
  의 죄를 깨끗하게 하신다.

  만일 당신의 그룹이 이 두 번째 측면을 잘 이해하지 못한다면 다음을 설
  명하라.
  - 십자가의 성취 중 하나는 이제 그리스도인에게 하나님의 성령이 내
    주하실 수 있다는 것이다. 이제 영을 따라 행하는 자들이 할 수 있는
    것은 무엇인가(4절)?
  - 이것은 하나님이 아들을 보내셔서 성취하신 것이 무엇인지 보여 준
    다.

6. 그 진리가 우리에게 하나님의 뜻대로 살게 동기를 부여하는가?
우리가 범죄할 때마다 예수 그리스도의 삶, 죽음, 사역의 목표와 목적을 무산
시킨다. 이것이 거룩한 삶을 살려는 동기가 되지 않는다면, 다른 아무것도 소
용 없을 것이다.

7. 5-8절은 다음과 같은 사람들에 대하여 무엇을 말하는가?
- **죄악된 본성을 따라 사는 사람들**
  그들은 죄가 원하는 것을 생각한다(5절). 즉 그들의 생각은 자신의 욕망에

지배된다. 그들의 생각은 사망이다(6절). 이것은 미래에 죽음을 말하지 않는다. 바울은 현재형으로 사망을 말한다. 이는 죄악된 욕망에 휘둘린 삶에서 경험하는 깨지고 어긋난 것들이다. 소그룹원에게 질문하라. "왜 바울은 그런 삶이 사망이 될 것이라고하지 않고 사망이라고 할까요? 죄를 따르는 삶에 대해 바울이 현재형 동사를 사용하여 말한 이유는 무엇일까요?"

그들의 생각은 하나님과 원수가 되고 하나님께 순종하지 못한다(7절). 그들은 하나님을 기쁘시게 하지 못한다(8절). 설령 행위가 선해도 하나님께 적대적인 생각은 하나님을 기쁘시게 할 수 없다.

- **영을 따르는 사람들**

  그들은 성령이 원하시는 것을 생각한다(5절). 즉, 그들은 생명과 평안을 누린다(6절).

8. 9-11절은 그리스도인에 대해 무엇을 말하는가?

- 우리는 성령에 지배된다(9절, 개역개정 성경에서는 "거하시면"-역주). 우리의 생각과 행동의 방향을 우리의 욕망이 아닌, 성령이 뜻대로 정하게 된다.
- 우리는 성령을 갖는다(9절). 우리가 그리스도께 속한다면, 성령이 내주하신다.
- 우리 몸은 죄로 인하여 죽었다(10절). 즉 우리 안에 여전히 죄가 살아 있고, 우리의 몸은 쇠퇴하고 언젠가는 죽을 것이다.
- 우리의 영은 살아 있다(10절). 그리스도를 영접함을 통해 성령이 영적으로 살리셨고, 하나님과 올바른 관계가 되게 하셨다.
- 언젠가 우리 몸까지도 성령으로 완전히 새로워지고 영원히 살아 있게 될 것이다(11절).

9. 사람들은 어떻게 죽고 사는가(13절)? 그것은 현실에서 어떻게 이루어지는가?

우리가 죄성대로 살면 죽는다. 우리는 (성령의 능력을 힘입어) 우리의 죄를 공격하고 죽임으로써 산다. 우리의 죄를 죽이는 과정을 옛 신학자들은 '죄 죽이기'라고 불렀다. 그것은 현실 속에서 어떻게 이루어지는가?

그것은 전심으로 죄악된 행위에 저항하는 것이다. 그것은 잘못된 태도와 행동에 영적 전쟁을 선포하는 것이다. 그리스도인은 죄와 사귀지 않는다. 우리는 "나는 이 죄를 적당히 지을 거야"라고 말하지 않는다. 가능한 죄를 멀리한다. 우리는 죄와의 전쟁을 선포하고, 우리의 죄악된 행동이나 태도를 죽인다.

10. 어떻게 하면 성령이 바라시는 것에 생각을 고정할 수 있을까?

우리의 생각과 마음속에 복음의 진리를 의도적으로 주입해야 한다. 우리의 생각이 본능적으로 그리스도께 몰두하게(성령이 늘 그러하시다) 하고, 어떻게 그리스도께 순종할지에 몰두하게 하려면 우리의 생각을 가르쳐야 한다. 우리가 여유 시간이 있거나 어려운 문제나 결정에 직면했을 때 복음에 생각을 고정시켜야 한다. 그것을 돕는 방법들은 다음과 같다.

- 성경을 읽고 묵상하라.
- 성경의 위대한 진리를 외우라.
- 어떤 결정을 하기 전에 복음에 비추어 생각하라.
- 성령의 지시대로 살아야 한다고 서로 일깨우라. 특히 동역자를 위로하거나 조언할 때 이 말을 하라.

― 더 깊이 알기

- **바울의 말이 영적인 것을 생각하도록 어떻게 도와주는가?**

    우리가 누구인가를 기억해야 한다(1-4절). 우리는 그리스도와 함께 죽었고, 죄악된 세상이 아닌 하늘에 속했으며 언젠가 영광 중에 그리스도와 함께 살 것이다. 우리는 "땅의 것"을 생각하며 시간을 보내지 말아야 한다. 우리의 생각과 마음, 애착은 그리스도가 우리를 위해 하신 일, 하고 있는 일, 하실 일에 고정되어야 한다는 점에 주목하라.

- 그렇게 하는 것이 우리 생각과 삶에 어떠한 영향을 줄까?

땅에 속한 죄악된 욕망이 요구하는 것들(5-9절)을 죽이게 될 것이다. 우리는 창조자(10, 12절)를 점점 더 닮아갈 것들(12-14절)을 추구할 것이다.

11. 본문은 몸의 잘못된 행실을 죽이라고 어떻게 동기를 부여해 주는가?

- 성령이 내주하셔서 우리를 죄의 권세로부터 자유로워지게 하신다(2절). 그래서 우리는 죄를 죽일 수 있다. 죄가 너무 강력해서 우리가 무찌를 수 없다고 생각하지 말라.
- 죄가 우리를 이끌게 허락하면 현재적 사망으로 이어진다(6절). 반면에 죄를 죽이면 생명과 평안을 얻는다.
- 우리는 언젠가 죄 없는 몸을 누릴 것이다(11절). 성령이 우리가 그것을 바로 지금 점점 더 누리게 하신다.
- 우리는 그리스도께 빚진 자이다(12절). 그리스도가 우리를 위해 하신 일을 기억할 때, 감사하는 마음으로 그분께 순종하게 된다.

- 그렇게 하도록 어떻게 우리 자신에게 동기부여 하겠는가?
- 그렇게 하도록 어떻게 서로에게 동기부여 하겠는가?

그리스도가 우리를 얼마나 사랑하시는지 그 상상을 초월한 사랑을 접하는 시간을 가질 때, 죄의 뿌리가 잘린다(4-5절). 그때 감사가 흘러넘친다. 그러므로 우리는 하루 중에 자신에게 간단한 은혜의 설교를 해야 한다(그리고 다른 사람들에게도 해야 한다). 예를 들어 이런 것이다. "예수님이 나를 위해 죽으셨어. 그것은 바로 이런 죄 때문이었어! 그런데 내가 죄를 지어? 예수님이 나를 위해 죽으셔서 내가 성령을 누리고 평화의 생명을 누리게 하셨어! 그걸 지금 버리라고? 나는 하나님과 연합했어. 하나님이 아들을 보내셔서 나를 위해 죽게 하셨고 아들이 성령을 내 안에 보내셨어. 그런데 죄를 지어서 성령을 몰아내라고?" 유혹을 받을 때 스스로에게 설교하라!

죄의 종에서 하나님의 자녀로

— 목표

하나님이 그리스도인들을 자녀로 입양하셨고, 놀라운 특권들을 주셨다. 하나님이 그들을 새 피조 세계로 이끄실 것이고, 모든 것이 그들을 위하여 합력하여 선을 이루게 하실 것이다. 그러므로 계속해서 믿음으로 전진할 가치가 있다.

— 개요

본문은 하나님의 거룩한 입양에 대한 것이다. 그리스도인이 누구이고 그리스도인이 되는 것이 왜 특권인지 이해하려면, 우리가 하나님의 아들(14절), 하나님의 자녀(16절)라는 것이 무슨 의미인지 알고 소중히 여길 줄 알아야 한다. 로마 사회에서 입양은 히브리 문화나 근동 문화에서보다 더 일반적인 법적 절차였다. 로마 시민인 바울에게는 익숙했을 것이다. 입양은 보통 부유한 성인이 재산을 물려 줄 상속자가 없을 때 이루어졌다. 상속자로 입양되는 사람은 아이일 수도 있고, 청소년일 수도 있고, 성인일 수도 있었다. 입양이 이루어지는 순간, 새 아들에게는 몇 가지가 즉시 실현되었다. 첫째, 빚과 법적 의무를 대신 청산해 주었다. 둘째, 새 이름을 갖고 아버지가 소유한 모든 것의 상속자가 되었다. 셋째, 새 아버지가 그의 모든 행동(빚, 범죄 등)에 대해 책임을 졌다. 넷째, 새 아들은 아버지를 공경하고 기쁘시게 할 새로운 책임을 가졌다. 이 모든 것이 본문의 배후에 있다.

이제 바울은 누가 하나님의 아들이고(14절), 양자의 특권들이 무엇이고(15-17절, 질문 3 참조), 하나님의 자녀로서 고난당하는 것이 왜 가치가 있으며(18-25절), 현재 하나님이 우리를 어떻게 도우시는지(26-28절) 말한다. 결론적으로 그 무엇도 아버지가 우리를 사랑하시는 것을 막지 못한다고 확신할 수 있다고(29-39절) 말한다.

— 한 걸음 더 나아가기

소그룹원들에게 가족 사진을 가져오게 하라. 모든 사진을 모아놓고서 소그룹원들에게 그것이 누구의 가족인지 맞춰 보게 하라. 서로 가족의 어떤 특징을 물려받았는지 토론하게 하라. 질문 3 후에 다시 이 개념을 설명하라.

*주의: 만일 소그룹원들이 입양아 출신이지만 자녀를 두었다면, 자녀의 사진을 가져오게 하는 게 더 좋다. 그러고 나서 서로 닮은 점에 대해 토론하게 하라.

— 질문 길라잡이

1. 만일 당신이 유명한 가정에 속할 수 있다면, 당신은 어느 가정을 선택하겠으며, 왜 그런가?

이것은 우리가 그리스도를 믿을 때 하나님의 가족으로 입양된다는 진리(질문

2-4 참조)에 대한 도입 부분이다. 당신의 그룹이 이 질문을 심각하게 대할 수도 있고 재미있게 대할 수도 있을 것이다. 어떤 소그룹원들은 힘든 가족 배경을 가졌거나 입양아일 수 있다는 점을 염두에 두라.

2. 바울은 성령의 인도를 받는 사람들, 즉 그리스도를 믿는 사람들의 정체성을 어떻게 묘사하는가?

그들은 "하나님의 아들"이다(14절).

* 주의: 14-27절에서 그리스도인을 세 번 하나님의 아들이라고 하고(14, 15, 19절), 세 번 자녀라고 한다(16, 17, 21절). 중성적 용어를 선호하는 사람들도 있지만, 바울이 아들이라는 용어를 사용하는 이유는 아들 됨이 특권과 힘을 나타내는 신분이었기 때문이다. 바울이 그리스도인을 아들이라고 함으로써 모든 신자는 남녀 불문하고 하나님의 상속자가 된다. 그러므로 그리스도인 여성은 아들이라고 불리는 것을 거부하지 말아야 한다. 그것은 그리스도인 남성이 그리스도의 신부라고 불리는 것을 거부하지 말아야 하는 것과 마찬가지다(엡 5:24-25, 계 19:7-8, 21:2).

3. 하나님의 양자가 될 때의 특권은 무엇인가?

• 15절

안전- 우리는 두려워할 필요가 없다. 우리는 아들이기 때문이다. 좋은 부모자녀 관계에는 성취가 불량하면 관계가 끝날지 모른다는 두려움이 없다.

신분- 우리가 세상에서 살아갈 때, 우리 아버지가 세상을 소유하신다는 것을 안다!

친밀함- 우리는 하나님을 "아바"라 부른다. 그것은 아람어 단어로서 "아빠"로 번역될 수 있다. 그리스도인은 아빠이신 전능하신 창조자께 나아간다.

- 16절

  확신- 하나님의 성령이 우리가 참으로 하나님의 가족이라고 확신을 주신
  다. 이것은 마음속의 내적 증거이고, "그래, 하나님은 정말로 나를 사랑하
  셔"라고 아는 것이다.

- 17절

  유산- 우리는 상속자다. 즉 우리는 믿을 수 없이 놀라운 미래를 소유한다.
  우리를 위해 예비된 것이 엄청나고 영광스러워서 마치 우리가 하나님의
  영광을 거의 독차지한 것처럼 느껴질 정도이다.

  가족의 공통점- 우리는 그의 고난에 동참한다. 예수님은 고난을 당하셨
  다. 형제자매인 우리도 예수님을 위해 살고 말할 때 고난을 당한다. 바울
  은 이것을 특권으로 본다.

4. 우리가 하나님을 단지 주인이 아닌 아버지로서 알면 뭐가 달라지는가?

우리는 사실상 하나님을 우리의 주인으로 믿어서 하나님과의 관계 기반이 성
취인 경우가 많다. 그래서 우리는 해고당할까봐 항상 두려워한다. 그러나 성
령이 그 모든 것을 씻어내신다. 우리는 자녀이며, 종이 아니므로 우리의 관계
는 성취를 기준으로 하지 않고 무조건적인 사랑을 기반으로 한다. 그것이 어
떻게 다른지 살펴보라.

- 17절에서 바울은 그리스도의 고난에 동참할 것을 말한다. 그럴만한 가치가 있
  는가?

  종: 순종해야만 하기 때문에 순종한다. 규칙을 어기면 벌을 받을까봐 두려
  워한다. 항상 불안하다. 외적 규칙을 지키는 데 초점을 맞춘다. 관계를 유
  지하기 위해 일한다.

  자녀: 아버지를 사랑해서 순종한다. 벌 받는 것은 사랑의 훈육이다. 항상
  안정된다. 관계에 초점을 맞춘다. 서로의 관계 때문에 일한다.

5. 바울은 이에 대하여 18절에서 어떻게 대답하는가? 그의 말은 단순히 "예, 그래요" 라는 것보다 얼마나 강력한가?

바울은 우리가 지금 어떤 고난을 당하든 장차 우리를 기다리는 것에 비교되지 않는다고 말한다. 이것은 가장 단호한 "예"라는 대답이다. 미래에 받을 혜택이 우리가 지금 겪는 모든 일을 그저 간신히 상회하는 정도가 아니라, 이 세상에서 겪는 최악의 일도 그리스도인이 미래에 누릴 모든 것에 비교되지 않는다고 말한다.

6. 바울은 무엇이 예비되었다고 말하는가?

- **피조물을 위해**

  피조물이 썩어짐의 종노릇 한 데서 해방될 것이다. 현재 피조물은 허무하고(20절), 썩어지고(21절), 고통을 겪고 있다(22절). 피조물은 원래 그렇게 되도록 창조되지 않았지만, 현재 고통, 고난, 죽음을 겪고 있다. 그러나 영원히 그렇지는 않을 것이다. 언젠가 그 모든 것이 역전될 것이다. 성취, 새로워짐, 기쁨이 있을 것이다. 해방될 것이다. 그래서 자유롭게 본연의 모습이 될 것이다.

- **하나님의 자녀를 위해**

  우리도 영광의 자유를 누릴 것이다(21절). 19, 23절에서 그것이 무엇인지 설명한다. 하나님의 아들들이 나타나는 것의 의미는 필시 우리의 아들 됨이 뚜렷이 공표되고 우리가 온전히 그리스도를 닮는 것이리라(29절). 우리 몸의 속량(23절)은 우리가 신체를 가질 것이지만, 죄로 인해 썩는 한계가 없다는 의미다.

그리스도인은 이 구절들에 근거하여 자연을 어떻게 보아야 하는가? 그리스도인은 어떤 견해를 거부해야 하는가?

그리스도인은 물질 세계를 선천적으로 선하지만 타락한 것으로 보아야 한다. 창조된 아담과 하와에게 하나님이 처음 명령하신 것은 피조물을 다스리고 돌보라는 것이었다(창 1:28). 그것은 우리에게 두 가지를 말해 준다. 하나님이 피조 세계를 친히 돌보시고, 우리도 하나님의 청지기로서 피조 세계를 돌보아야 한다. 비록 지금 자연이 무분별한 오용으로 고통당하지만, 우리는 가능한 모든 방법으로 자연을 돌보아야 한다. 또한 우리는 문화와 창조적 활동에도 힘써야 한다.

우리는 물질 세계를 선천적으로 악하다고 보지 않는다. 즉 우리는 신체적 쾌락을 피하고 세상에서 은둔하는 것이 "영적"이라고 생각하거나 예술과 문화를 모독하지 말아야 한다. 또한 우리는 이 물질 세계를 전부로 생각하여, 물리적 쾌락과 아름다움을 위해 살거나 예술과 문화를 숭배하지 말아야 한다.

7. 우리가 아버지를 대면할 날을 어떻게 기다려야 하는가?

· **23절**

간절히(개역개정에는 없다-역주). 세상과 현재의 삶에 만족하지 말아야 한다. 우리의 영광스러운 미래를 고대해야 하고, 세상과 현재의 삶이 전부인 양 살지 말아야 한다.

· **25절**

"참음으로." 우리가 아직 영광스러운 자유에 들어가지 않았음을 명심해야 한다. 모든 것이 지금 당장 완전하기를 기대하거나 요구하지 말아야 한다. 완전함은 아직 오지 않았다. 우리는 하나님의 때를 기다려야 한다.

8. 그렇게 하기 가장 어려운 때는 언제인가(즉 질문 7의 답)? 간절히 참으면 뭐가 달라질까?

우리 주변 세상은 현재가 전부인 양 살아가는 경향이 있으므로 미래에 대해 간절하지도 않고 참지도 않는다. 우리는 현재 가진 것에 안주하라는 압력을 항상 받는다. 즉 우리의 일이나 가정이나 취미가 가장 중요하다는 압력이다. 또한 우리에게 지금 당장 필요하다고 생각하는 것을 움켜쥐라는 압력이 항상 있다. 그것을 위해 관계를 바꾸거나 떠나거나, 승진하기 위해 남을 짓밟거나, 조급하게 환경을 바꾸라고 요구한다. 그런 압력이 삶이나 문화에 침투하는 방법을 함께 생각해 보기 바란다. 간절함과 참음이 무엇인지 심사숙고해 보라.

9. 그리스도인이 항상 알 수 있는 것은 무엇인가(28절)?

하나님은 모든 상황 속에서 그리스도인의 최선의 유익을 목적으로 하신다. 우리 삶의 모든 영역에서 하나님이 우리에게 유익하도록 역사하신다.

• 29절에 나타난 하나님이 자녀들을 위해 원하시는 선은 무엇인가?

하나님은 우리가 그 아들의 형상을 본받게 하기 위하여 미리 정하셨다. 즉 하나님은 우리에게 일어나는 모든 일에 역사하셔서 우리의 성품을 더욱 더 예수님처럼 변화시키신다. 하나님은 우리를 예수님처럼 사랑하고, 고귀하고, 참되고, 지혜롭고, 강하고, 선하고, 기뻐하게 만들기 위해 역사하신다. 이것은 매우 중요하다. 우리에게 유익한 것은 그리스도를 더 닮는 것이다. 28절은 하나님이 우리에게 더 쉬운 삶을 주실 것이라거나, 우리가 좋다고 생각하는 것을 주실 것이라고 약속하지 않는다.

— 더 깊이 알기

바울은 로마서 8장 28-29절에서 말한 것을 어떻게 삶에 실행하는가?

- **고린도후서 12장 7-9절**

  바울은 "내 육체에 가시"를 받았다. 그것은 모종의 끈질긴 고통이었다. 바울은 하나님께 환경을 바꾸어달라고 간구하기도 했으나(8절), 하나님이 약점을 통해 역사하셔서 영광을 나타내시고 바울을 겸손하게 하시며 자고하지 않게 하신다는 것을 받아들였다(7, 9절). 매우 고통스러운 환경이었지만, 바울은 하나님이 그것을 사용하셔서 자신에게 유익을 주시고 하나님이 영광 받으신다는 것을 알았기에 "도리어 크게 기뻐함으로 나의 여러 약한 것들에 대하여 자랑했다." 바울의 아픔이 바울을 하나님께 더 가까워지게 했고, 바울의 마음을 완악하게 만들지 않았다.

- **빌립보서 3장 10-11절**

  바울의 우선순위는 쉬운 삶이 아니라 "그리스도를 알고" "그리스도처럼 되는 것"이었다. 비록 그것이 고난과 죽음의 환경을 포함하더라도 말이다. 바울에게 가장 "유익한 것"은 하나님이 바울 안에 "선"을 이루셔서 그리스도를 더 닮게 하는 것이었다.

  *주의: 질문 10 앞부분의 개인적 적용에서 우리의 실패 중에도 하나님이 우리를 위해 선을 이루신다고 말한다. 핵심은 우리에 대한 하나님의 목적은 죄가 훼방하지 못한다는 것이다. 죄는 항상 나쁘고 우리는 그 고통스러운 결과를 삶에서 겪는다. 그러나 로마서 8장 28-29절은 하나님이 너무나 위대하셔서 그것조차도 우리에게 궁극적으로 유익하게 한다고 말씀하신다. 하나님은 우리의 실패조차도 사용하셔서 겸손을 배우게 하시고 우리를 가르치시고 변화시키실 수 있다.

10. 29-30절의 각 동사가 무엇을 의미한다고 생각하는가?

그 의미가 무엇인지 소그룹원들이 진지하게 심사숙고하게 하라. 단지 답을 읽어 주기만 하지 말라!

미리 아셨다: 하나님이 어떤 사람을 아신다는 의미는 그를 개인적으로 사랑하신다는 뜻이다(예: 마 7:23절: 예수님이 "내가 너희를 도무지 알지 못하니"라고 말씀하신 의미는 그들을 몰랐다는 것이 아니라, 그들과 관계가 형성된 적이 없다는 의미다). 미리 아셨다는 것은 시간의 시작 전부터 하나님이 그들을 사랑하셨다는 것이다.

미리 정하셨다: 목표를 정하다, 미리 계획하다. 하나님이 우리를 미리 아셨기 (미리 사랑하셨기) 때문에 우리가 하나님과 함께 영광 안에 거하고 그리스도의 형상으로 화하는 것을 목표로 정하셨다(주의: "미리 정하다"라는 단어가 많은 질문을 불러일으킨다. 다음 과에서 이것을 더 충분히 다루겠다. 여기서 바울은 철학적 논쟁을 불러일으키려 하지 않는다. 다만 여기서 바울은 우리가 누구이고, 하나님이 우리를 위해 무엇을 하셨고, 무엇을 하실 것인지 우리가 확신하게 하려고 한다).

부르셨다: 하나님이 우리를 복음의 진리에 일깨우시려고 우리 안에 역사하신 때와 순간을 말한다.

의롭다하셨다: 그리스도가 삶과 죽음으로 행하신 일 때문에 하나님은 우리가 법적으로 의롭고 흠이 없다고 선언하신다. 우리가 그리스도를 믿을 때 이 신분이 우리에게로 옮겨진다(로마서 전체가 이것에 대한 것이다).

영화롭게 하셨다: 모든 죄가 근절되고 몸과 혼이 완전해진다.

⌄

- 왜 바울은 아직 일어나지 않았지만 "영화되었다"고 과거 시제를 쓸까? 왜냐하면 그것은 영화가 하나님의 백성에 대한 하나님의 다른 목적들처럼 확실히 일어날 것이기 때문이다.

- 이것이 어떻게 우리에게 확신을 주는가? 하나님이 시작하신 일은 하나님이 끝내신다! 여기서 핵심적인 통찰은 각 동사가 같은 사람들에 대한 것이라는 것이다. 누구든 부름 받은 사람이라면, 즉 그리스도인이라면 미리 아신 바 되었고, 미리 정해졌고, 부르심 받았고, 의롭

다하심 받았고, 영화롭게 될 것이다.

11. 31-39절의 바울의 질문과 대답은 각각 다음과 같은 상황에서 어떻게 우리를 도울까?

- **두려울 때(31절)**

  그 누구, 그 무엇이 우리를 대적하든, 하나님이 우리를 위하신다. 하나님이 우리에게 유익하도록 역사하시고, 우리를 영화롭게 하실 것이고, 하나님이 다스리지 않으시는 것은 아무것도 없다. 두려워할 필요가 없다!

- **우리가 계속 믿음을 지킬 수 있을지 확신할 수 없을 때(32절)**

  하나님이 우리에게 아들을 주시고 우리를 위해 죽게 하셔서 우리가 그 아들과 함께 영광 안에 살 수 있게 하셨다. 하나님이 귀한 아들을 주셨으므로 우리가 계속 나아가 영광에 이르는 데 필요한 다른 모든 것도 확실히 주실 것이다.

- **죄책감에 시달릴 때(33-34절)**

  그리스도의 죽음 때문에 하나님이 우리를 의롭다하셨고 죄가 없다고 보신다. 다른 누가 뭐라 하더라도 상관없다. 우리는 의롭다. 우리가 두려워해야할 유일한 정죄는 하나님의 정죄다. 또한 그리스도, 부활하신 구원자가 우리를 대신해 하나님께 말씀하시므로 결코 하나님이 우리를 정죄할 수 없으시다.

- **하나님이 우리를 사랑하시는지 걱정될 때(35-39절)**

  우리가 큰 고난을 당할지라도(35-36절) 미래, 피조 세계, 영적 세계에 우리를 하나님의 사랑에서 끊을 것은 없다. 하나님이 우리를 사랑하신다. 왜냐하면 우리를 사랑하기로 선택하셨기(우리를 미리 아셨기) 때문이다. 그러므로 그 무엇이 변하더라도 하나님의 사랑은 변하지 않는다.

12. 본문은 우리에게 무엇을 말하는가?
- 우리는 누구인가?
  질문 2-4 참조.
- 예수님을 주로 모시고 살 가치가 있는가?
  질문 5-7 참조
- 하나님 아버지가 계신 본향으로 가는 도중에 우리가 길을 잃는다면 어떻게 하겠는가?
  질문 8-10 참조

- 이 각각의 진리가 한 주를 사는 우리의 삶을 어떻게 달라지게 할까?
- 오늘은 어떤 진리로 인해 특히 기뻤는가?

10. 주권적 자비(9:1-10:4)

하나님의 택하심은 무슨 의미인가

— 목표

하나님은 우리를 구원하시며, 그것은 복음을 믿도록 우리를 택하심으로 성취된다. 한편 복음을 거절한 것에 대한 책임은 우리에게 있다.

— 개요

본문은 이해하기 쉽지 않다. 대다수의 유대인, 즉 구약의 하나님 백성의 대부분이 예수님을 그리스도로 받아들이지 않고 거절했다. 바울은 교회의 대다수가 이방인이었다는 사실을 두고 왜 사람들이 복음을 믿지 않는지의 문제를 다룬다. 바울은 사람들이 믿지 않는 것은 그들이 믿도록 택함을 받지 않았기 때문이지만, 그래도 믿지 않는 사람들은 그리스도를 믿기를 거부한 것에 대한 책임이 있다고 답한다. 왜냐하면 그들이 하나님에 대한 진리를 거부했기 때문이다. 그래서 우리는 하나님의 택하심의 문제를 다루게 된다. 그것은 하나님이 어떤 죄악되고 자격 없는 사람들을 택하셔서 하나님의 아들을 믿어 긍휼을 얻게 하기로 결정하셨다는 의미다. 그리고 그와 더불어 예정론의 교리를 다루게 된다.

바울은 구약을 통해 아브라함의 가문에서 태어난 모든 사람(유대인)이 하나님의 백성이 아니라는 것을 증명하고, 하나님의 백성이 되는 것은 항상 하나님의 긍휼하신 택하심에 의한 것이었음을 보여 준다. 다음 과의 마지막(11:33-36)에서는 하나님이 우리에게 계시하신 것과 계시하지 않으신 것 모두에 대해 바울이 하나님의 지혜를 찬양하는 것을 볼 것이다. 그러므로 우리도 로마서 9장을 이해하는 데 많은 어려움이 종종 있지만, 그것으로 인해 하나님을 찬양할 수 있다. 질문 9가 당신의 그룹이 그렇게 하도록 이끌어 준다. 이 과와 다음 과를 가르칠 준비를 할 때, 《당신을 위한 로마서 II》의 관련 장인 4-6장과 그 책의 제일 뒤에 있는 부록 "하나님의 절대주권과 택하심에 대한 교의"를 읽으면 도움이 될 것이다. 그러나 이 쟁점들 때문에 공부가 본론에서 벗어나지 않게 해야 하므로 더 질문이 있는 소그룹원들과는 추가로 만나겠다고 제안하거나 원하는 소그룹원들과 목사님이 만날 시간을 미리 정하라.

— 한 걸음 더 나아가기

맛있는 쿠키를 소그룹원들에게 나누어 주라. 그러고 나서 한 소그룹원에게 특별한 이유 없이 훨씬 더 좋은 케이크 한 조각을 주어라. 모든 소그룹원들이 그것을 본 후에, 당신의 행동이 공정한지에 대해 얘기를 나누라. 특히 한 소그룹원에게만 친절하기로 선택할 권리가 있는지, 그런 친절을 아무에게도 베풀지 않는 것이 더 공정했을지, 한 사람에게 그렇게 했으니 모든 사람에게 그렇게 해야만 하는 것인지 등에 관하여 토론하라. 분명한 결론에 도달할 필요는 없지만, 이것은 하나님이 어떤 죄인들을 택해 과분한 자비를 받게 하시는 것이 인자하심이고, 하나님이 모든 죄인들을 택하지 않으시더라도 부당하지 않다는 이야기로 이어진다.

— 질문 길라잡이

1. 하나님의 택하심 혹은 선택election의 개념이 당신에게 무엇을 의미하는가? 그것을 생각하면 어떤 기분이 드는가?

"택하심"에 대하여 잘 모를 수도 있다. 그런 경우에는 질문 2로 빨리 넘어가라. 그러나 당신의 그룹이 택하심의 개념에 대해 오해하고 있거나 이 개념 때문에 힘들어한다면, 질문 1을 통해 참 의미를 파악할 수 있다.

2. 바울은 대부분의 유대인들이 예수님을 왕과 구원자로 받아들이기를 거부한 데 대해 어떻게 느꼈는가?

"큰 근심이 있는 것과 마음에 그치지 않는 고통이 있는 것"(1절). 바울은 자신이 그리스도와 영생에서 끊어질지라도 유대인들이 메시아를 믿기를 바랐다. 대단하다! 이를 통하여 동족에 대한 바울의 사랑을 본다.

3. 하나님의 약속이 폐하여지지 않은 이유는 무엇인가(6, 8절)?

"이스라엘에게서 난 그들이 다 이스라엘이 아니요"(6절). 혈통으로 아브라함, 이삭, 야곱의 후손인 사람들 중에 참 이스라엘에 아닌 사람들(즉, 하나님의 백성 아님)이 있었다. 또 하나님의 자녀는 하나님의 축복을 받은 자들을 의미한다. 다시 말해, 육신의 자녀인 아브라함의 생물학적 가문에서 태어난 사람들을 말하지 않는다.

- 창세기 16장 1-4절, 15-16절, 17장 15-22절을 읽으라. 로마서 9장 6절의 진리를 아브라함의 자녀인 이삭과 이스마엘에게 일어난 일에서 어떻게 볼 수 있는가?

아브라함에게는 두 아들 이스마엘과 이삭이 있었다. 아브라함은 부인 사라의 여종 하갈에게서 이스마엘을 얻었다. 사라가 잉태하지 못했기 때문이다(16:1-4, 15-16). 그러나 하나님은 사라에게 자녀를 주겠다고 약속하셨다. 그것은 불가능해 보였다(17:16). 그러나 이삭에 대해 하나님이 말씀하셨다. "내가 그와 내 언약을 세우리니 그의 후손에게 영원한 언약이 되리라"(17:19). 보다시피, 아브라함의 모든 자녀가 하나님의 언약 백성(하나님은 그들에게 헌신하시고 그들과 관계를 이루시는 축복을 주신다)은 아니었다. "이스라엘에게서 난 그들이 다 이스라엘이 아니요."

4. 하나님이 리브가의 태중의 쌍둥이에 대해 하신 말씀은 무엇인가(12절)?

"큰 자(에서)가 어린 자(야곱)를 섬기리라." 일반적으로는 장자가 아버지로부터 유산을 상속받고 동생은 형보다 부차적이다. 그래서 이 경우에 에서가 하나님의 축복을 물려받는 것이 보통의 일이다. 그러나 하나님은 리브가에게 그들의 역할이 뒤바뀔 것이라고 하셨다. 즉 형이 아니라 동생이 하나님의 언약 백성이 될 것이다. 그 전체 이야기는 창세기 25장 21-34절에서 볼 수 있다.

- 바울은 하나님이 에서가 아닌 야곱을 축복하신 이유에 대해 어떻게 말하는가?

- 11절

  그들 중 누가 더 착하거나 나빠서가 아니다. 그 선택은 두 소년이 나중에 어떤 사람이 될 것인지 하나님이 아시는 데 근거하지 않는다.

- 12절

  행위로 결정된 것이 아니다. 이것은 11절의 요지를 다시 강조한다. 단지 누가 영접하고 누가 거절할지 하나님이 아셨기 때문이 아니다. 하나님의 택하심은 에서나 야곱의 어떤 것 때문이 아니었다.

- 하나님이 야곱을 택하신 긍정적 이유가 제시되었는가? 그것은 무엇인가?

두 사람 간의 유일한 차이는 "택하심을 따라 되는 하나님의 뜻"이었다(11절). 하나님은 에서가 아닌 야곱을 택하셨다. 그냥 그것이 하나님의 목적이었기 때문이다. 그들이 태어나기도 전에 하나님이 리브가에게 큰 자가 작은 자를 섬길 것이라고 말씀하신 이유에 대해 바울은 야곱이 축복을 상속받은 이유는 하나님의 택하심을 분명히 하기 위해서였다고 말한다. 12절이 그것을 재차 강조한다. 야곱이 축복받은 이유는 야곱 때문이 아니라 "부르시는 이"의 택하심 때문이다.

주의: 13절이 매우 가혹하게 들린다. 그러나 여기서 '미움'을 통상적인 미움의 감정으로 보지 말아야 한다. 그것은 히브리식 표현법이다. 즉 그것은 강한 대조를 의미하지, 하나님이 정말로 에서를 미워하셨다는 말이 아니다. 누가복음 14장 26절을 보면 예수님이 제자들에게 계명(부모 공경 포함)을 지키라고 가르치시면서 부모를 "미워하라"라고 하셨다. 이는 문자 그대로 부모를 미워하라는 것이 아니다. 부모보다 예수님을 우선시하라는 의미다. 그러므로 13절은 하나님이 에서가 아닌 야곱이 하나님의 약속을 상속하게 택하셨다는 뜻이다.

5. 하나님이 긍휼히 여기시는 자는 누구인가(15절)?

하나님이 긍휼을 위해 택하신 자.

구원은 무엇에 달려 있지 않은가(16절)?

사람의 소원이나 노력 즉 우리가 원하거나 추구하거나 성취하는 것에 달려 있지 않다. 구원은 우리의 권리가 아니다. 결코 우리의 노력의 결과가 아니다.

6. 자격이 없는 우리가 긍휼을 받았다는 진리는 하나님의 택하심에 대한 생각에 어떻게 도움을 주는가?

그 누구도 하나님께 당연히 긍휼을 베풀어 달라고 요구할 수 없다. "죄의 삯은 사망이요"(6:23). 우리는 모두 죄인이다 그러므로 하나님이 더 많은 사람에게 긍휼을 베풀지 않으셨다고 비난할 수 없다. 하나님께서는 반드시 누군가를 구원해야 할 의무가 없다. 구원을 모든 사람에게 주시거나, 몇몇의 사람들에게만 주시거나, 혹은 아무에게도 주지 않으실 권리는 하나님께 있다. 다음의 예를 그룹원들에게 들려주어라. 한 부자가 20명의 도심 빈민가 아이들을 선택해서 대학 전액 장학금을 주기로 결정했다. 같은 자격을 가진 사람들이 수천 명은 되었다. 그리고 부자에게는 20명보다 더 많은 사람을 도울 능력이 있었다. 그가 계획대로 20명만 도움을 주었다고 해서 불공정하다는 비판을 받아야 할 것인가? 아니다. 그는 아무도 돕지 않아도 된다. 그에게는 그럴 의무가 없기 때문이다. 마찬가지로 구원받을 자격이 있는 사람은 없다. 어떤 면에서, 정의는 인간에게 정죄받을 것을 요구한다. 그러므로 하나님께서 모든 사람에게 긍휼을 베풀지 않으신 것에 집중하지 않아도 된다. 자격이 없는 단 한 사람을 위해 긍휼을 베푸신 것에 놀라고 감사해야 한다.

*주의: 이는 쉬운 질문이나 사안이 아니다. 질문 6의 답을 그룹원들에게 읽어주고 난 뒤 의견을 들어도 좋다.

7. 출애굽기 4장 21절, 7장 3절, 10장 1절을 읽으라. 누가 바로의 마음을 완강하게 했는가?
하나님이 선택하셨다.

- 출애굽기 8장 15, 19절, 9장 7, 34, 35절을 읽으라. 누가 바로의 마음을 완강하게 했는가?
  바로가 자신의 마음을 완강하게 했다.

8. 19-21절에서 우리가 기억해야 할 것은 무엇인가?

• **하나님에 대해**

하나님이 우리를 만드셨다. 따라서 우리에 대한 소유권은 하나님께 있다. 즉 하나님은 이 세상 안에, 그리고 이 세상을 가지고, 하고 싶은 것을 하실 권리가 있다.

• **우리 자신에 대해**

우리는 하나님께 반문할 권리가 없다(20절). 우리는 하나님보다 훨씬 낮은 수준이기 때문이다. 그 격차는 토기장이와 진흙의 격차와도 같다. 그래서 우리는 창조자께 질문할 지혜도, 권위도 없다. 우리는 하나님을 판단하지 않도록 주의해야 한다.

9. 로마서 9장 1-29절의 가르침은 우리에게 어떤 변화를 주는가?

• **하나님을 예배하게 한다**

하나님이 누구신지 이해한다면(창조주) 예배할 수 있다. 그리고 하나님이 우리를 위해 하신 것을 안다면, 즉 하나님이 우리를 택하시고, 아들을 보내셔서 대신 죽게 하시고, 긍휼을 베푸신 것을 안다면, 모든 것을 행하신 하나님께 깊이 감사하게 된다.

• **겸손하게 한다**

하나님의 백성은 오직 하나님의 택하심과 긍휼하심으로 구원받으므로 우리는 기뻐할 것이고 또한 우리의 실상을 깨닫고 겸손해질 것이다. 우리의 존재, 혹은 우리가 한 일이나 우리가 할 수 있는 일로 결코 우리의 구원을 획득하지 못한다. 우리는 하나님을 신뢰하겠다는 선택조차 하지 않았다.

오직 하나님이 우리에게 긍휼을 베풀기로 선택하셨다!

- **비신자에 대해 희망을 갖게 한다**

  하나님은 누구든 구원하실 수 있다. 우리도 하나님을 몰랐던 때가 있고, 하나님이 그냥 두셨다면, 완악한 마음이 남아 있을 것이다. 그러나 하나님이 개입하셔서 우리 마음을 부드럽게 하시고 구원하셨다. 하나님이 우리에게 그렇게 하셨으므로 누구에게든 그렇게 하실 수 있으시다. 그래서 하나님의 택하심은 우리가 담대히 복음을 전하게 한다.

- **천국에 갈 것이라고 확신을 준다**

  하나님이 우리를 영원히 하나님의 백성이 되도록 택하셨다. 하나님은 우리를 천국으로 데려가는 분이시다. 그것은 우리에게 달려 있지 않다. 로마서 8장 28-29절을 보라.

10. 이스라엘은 노력으로 의를 획득하지 않았다. 그들은 노력해서 하나님과 올바른 관계에 있게 된 것이 아니다. 왜 그런가(9:30-10:3)?

먼저 그들은 행위로 의를 획득하려했다(9:32). 이스라엘이 스스로 의를 만들어 내서 하나님 앞에 서려 했기 때문에 하나님의 의는 하나님의 선물로 임한다는 개념을 받아들이지 못했다(32-33절). 유대인들은 하나님과 올바른 관계에 있기 원했으나 방법이 틀렸다. 바울은 10장 3절에서도 그것을 밝힌다.

또 그들은 열심이 있었지만 그 열심이 올바른 지식에 근거하지 않았다. 그들은 하나님께 순종하고자 했고, 진지하게 믿었지만, 그것은 잘못된 믿음이었다. 그들은 그리스도를 믿으면 하나님이 의를 주신다는 사실을 받아들이기를 거부했다. 바울은 오늘날의 흔한 속담인 "무엇이든 잘 믿기만 하면 된다"는 말에 반박한다. 지식 없는 열심은 광신이고, 그런 사람들은 자신이 옳은지 살피지 않는다.

- 4절에서 하나님과 올바른 관계가 되도록 하나님이 주신 길은 무엇인가?

  그리스도를 믿는 사람은 누구든지 하나님과 올바른 관계에 있다.

  - 4절에서 바울이 "그리스도는 … 율법의 마침"이라고 말한 의미는 무 엇인가? (당신의 그룹이 이 부분에 확신이 없어서 아직 고민한다면) 어떤 사 람이 그리스도인이 될 때, 율법이 해 줄 수 없는 것을 그리스도가 해 주시는 것은 무엇인가? 그리스도인은 율법에 순종해서 구원을 얻지 못한다. 구원을 그런 식으로 추구할 필요가 없다는 것을 안다. 왜냐 하면 그리스도께서 삶으로 율법을 지키시고 죽음으로 죄를 지셔서 구원하셨기 때문이다. 그리스도가 하신 일은 의를 얻으려고 율법을 지키는 것은 끝났고, 그래서 믿음이 의를 얻는 길임을 보여 주었다. 그리스도인은 이제 율법을 구원을 위한 시스템으로 보지 않는다. 다 만 우리는 은혜로 구원하신 하나님을 기쁘시게 하고 하나님께 감사 를 표현하기 위해 여전히 율법에 순종할 의무가 있다.

11. 어떤 사람이 구원받는 데 대한 책임은 누구에게 있는가?

하나님이 은혜로 택하셔서 구원의 믿음을 주기로, 즉 긍휼을 베풀기로 선택하 실 때만 우리가 구원받을 수 있다.

- 어떤 사람이 구원받지 않는 데 대한 책임은 누구에게 있는가?

  그 사람에게 책임이 있다. 애굽왕 바로의 경우와 마찬가지다. 하나님은 우 리가 고집스럽게 하나님을 거절하게 놔두신다. 우리가 하나님을 거부하 기로 결정하면, 하나님은 우리가 선택한 그것을 우리에게 주시고, 그 상 태를 더 강화시키신다. 하나님이 우리 마음을 완강하게 하신다는 것은 그 들을 그냥 그대로 놔두셔서 그들이 선택한 대로 하게 하신다는 의미다.

12. 적용: 로마서 9장으로 다음 사항들을 그리스도인 친구에게 (최대한 간단하게) 어떻게 설명하겠는가?

- **하나님의 택하심은 무슨 의미인가:**

  이 질문은 소그룹원들이 본문의 내용을 명확하게 요약할 수 있게 해 준다. 두 사람씩 짝을 지어서 바울의 가르침을 서로에게 설명하게 할 수 있다.

- **왜 택하심이 좋은 소식인가:**

  다음 과에서 보겠지만, 바울은 하나님의 주권적 목적과 긍휼하신 택하심을 깨닫고 예배할 수밖에 없었다(11:33-36). 우리는 때로 하나님의 택하심에 대해 고민할 수 있지만, 이것은 좋은 소식이다. 이것 없이는 아무도 구원받지 못한다. 이것 없이는 어떤 그리스도인도 영생에 들어갈 것이라고 확신할 수 없을 것이다. 하나님이 은혜로 택하신 사람들에게 긍휼을 베푸시고 그들을 천국으로 데려가는 데 힘쓰신다는 것은 매우 좋은 소식이다.

  ⌄

  - 당신은 택하심과 예정의 교리에 관한 어떤 질문이나 사안을 더 생각하거나 연구할 필요가 있는가? 당신의 소그룹원들이 이 교리에 대해 지적, 정서적 의문 및 긴장을 가질 가능성이 상당하다. 그것을 공개적으로 말하고, 그것과 씨름하고, 그것에 대해 하나님께 기도하는 것은 좋다. 소그룹원들이 이 과의 내용에 대해 아직 확신이 서지 않는다면, 계속 심사숙고하라고 권하라.

    도움이 될 자료로《당신을 위한 로마서 II》가 있다. 거기서 나는 이 장을 더 심도 있게 다룬다. 그 책에서 하나님의 절대주권과 택하심에 대한 부록을 봐도 좋다.

11. 복음과 이스라엘(10:5-11:36)

아직 믿지 않는 자들을 위해 울라

— 목표

하나님이 유대인과 이방인을 구원하려고 계획하셨고, 하나님의 능력으로 그
것을 이루신다. 하나님의 주권적 택하심과 계획에 대한 올바른 반응은 그것
을 완전히 이해하려고 하는 것보다 하나님의 지혜와 능력을 찬양하는 것이다.

— 개요

이 본문 역시 매우 어렵다. 10장은 어떻게 구원이 이루어지는지 다시 한 번 정
립해 주는데, 바울은 모세를 예로 가르치면서 구원의 길이 항상 같았음을 밝
힌다. 즉 구원은 우리가 행하는 바로 되지 않고, 우리가 믿는 바로 된다(5-13
절). 신자들이 이 진리를 알면 이 메시지를 전하게 된다(13-17절).
이어서 바울은 이스라엘이 하나님을 거부한 데 대해 핑계 댈 수 없다는 진리

를 밝힌다. 이스라엘은 구원이 행위로 되지 않고 은혜로 된다는 메시지를 듣고 이해했다(18-21절). 그러나 그들은 순종하지 않고 거슬러 말하는 백성이어서 믿지 않았다(21절). 이것은 놀라운 지적이다. 하나님이 유대인들에게 손을 벌리셨고, 이방인들에게는 그렇게 하지 않으셨지만, 이방인이 유대인보다 더 잘 응답했다.

그러므로 질문이 남는다. 하나님이 이스라엘을 버리셨는가(11:1)라는 것이다. 바울은 즉시 절대 "아니오"라고 대답한다. 10장의 나머지 부분은 왜 그런지 이유를 자세히 설명한다. 바울의 중심 논증은 하나님이 이스라엘을 버리지 않으셨다는 것이다. 왜냐하면 다음을 보면 알 수 있듯이 이스라엘의 불신이 전부가 아니었기 때문이다.

- 바울도 유대인 신자다(1절).
- 과거에 이스라엘이 하나님을 버린 것 같고, 하나님도 이스라엘을 버린 것 같아 보였던 때가 있었다. 가령 엘리야 시대가 그랬다. 그러나 사실 하나님은 신실한 남은 자들을 보존해 두셨다(2-4절).
- 지금도 은혜로 택함 받은 유대인 그리스도인들이 있다(5-6절).
- 미래에 많은 유대인들이 돌이켜 예수님을 그리스도로 영접하여 구원받을 것이다(11-15, 25-32절).

그러므로 여기서 이방인 그리스도인이 적용할 사항은 오만하거나 안일하지 말고(20-22절), 유대인이 대적해도 유대인에 대한 희망을 갖고(23-24절), 우리가 다 이해하지 못할 때라도 하나님의 지혜로 인해 하나님을 예배하고 찬양하는(33-36) 것이다.

— 한 걸음 더 나아가기
그리스도인이 된 유대인들의 간증을 들어보라(www.cwi.org.uk/ judaism/testimonies.
html).

— 질문 길라잡이

**1. 당신의 마음 깊은 곳에서 절대 그리스도인이 되지 않을 것이라고 생각하는 특정
사람들이나 집단이 있는가? 이유는 무엇인가?**

바울 시대의 많은 사람들은 유대인은 절대 그리스도를 믿지 않을 것이라고
생각했을 것이다. 유대인들의 거부는 전적이고 최종적인 것으로 보였을 것이
다. 그러나 바울은 이와 다르게 많은 유대인들이 구원받을 것이라고 말한다.
현시대에도 그리스도를 절대 믿지 않을 것이라는 생각하는 개인이나 민족이
있다. 그들은 타종교에 심취해 있거나, 계속적으로 복음을 거절하거나, 매우
세속적이고 물질주의적인 가정에서 자란 경우가 많다. 그들을 향한 우리의 마
음속 깊은 생각이 그들을 위해 기도하게 하거나 혹은 기도하지 않게 하거나,
그들에게 복음을 어떻게 전할 것인가를 결정한다. 질문 6에서 그룹원들과 함
께 현재 말한 사람이나 민족에 대해 다시 이야기할 수 있다.

**2. 5절에서 모세가 말한 구원의 방식은 무엇인가? 그런 식으로 구원받으려 할 때의
문제는 무엇인가?**

율법을 행함으로 구원에 이른다. 모세는 율법을 지킴으로 구원을 얻는 가능성
에 대해 가르친다. 로마서 2장 1-6절, 3장 9-20절을 보라. 죄성을 가진 우리에
게 율법은 영생을 획득하는 방법이 되지 못한다. 율법은 우리가 의롭지 않고
구원받아야 한다는 것을 보여 줄 뿐이다(20절). 그러므로 10장 5절에서 모세
가 한 말은 다음의 의미다. "네가 율법을 완벽하게 지킨다면, 영생을 얻을 것
이다." 그러나 사실 우리는 그렇지 못하다.

다른 구원의 방법에 대해 8절에서 무엇을 말하는가?

말씀이 가깝다고 말한다. 다시 말해서, 하나님이 우리에게 구원을 주셨고 우리는 입과 마음으로 믿기만 하면 된다. 모세는 말한다. 구원은 어떤 것을 마음에 믿어 입으로 말하는 것과 관련된다. 그것은 믿음의 말씀이다.

⌄

당신의 그룹이 잘 이해하지 못한다면, 하나님 말씀은 우리를 구원하는 것이라고 설명하라. 그러고 나서 질문하라.

- 어떤 사람이 구원받을 때 구원의 말씀은 어디에 있는가? 그들의 입과 마음에 있다. 즉 믿고 말해야 하는 것이지, 행하거나 성취해야 하는 것이 아니다.

- **바울이 구체적으로 언급하는 예수님의 죽음과 부활에 근거하는 다른 구원의 방법은 무엇인가?**

바울은 믿고 말해야 할 구원의 말씀에 대해 우리에게 가르쳐 준다. 그것은 다음과 같은 것들을 의미한다. 먼저 알아야 할 진리가 있다. 바울은 예수님을 '주'라고 부른다. 예수님께서 죽음에서 부활하셨음을 알려 준다. 그러므로 우리는 예수님이 곧 하나님이시며, 우리 죄를 위해 죽으시고, 새생명을 주시기 위해 부활하셨음을 알아야 한다. 두 번째로 믿어야할 진리가 있다. 우리는 이 복음의 진리를 확실히 믿어야 하고, 우리의 존재 전체를 그리스도의 인격과 사역에 온전히 맡겨야 한다. 세 번째로 말할 수 있는 진리가 있다. 입으로 고백하는 것은 마음으로 믿는 것의 한 부분이다. 정말 믿는다면, 입술을 통해 나오는 말로 표현되기 마련이다. 네 번째로 믿음으로 구원받는 진리가 있다(11절). 우리는 그리스도를 신뢰한 것을 결코 후회하지 않을 것이다. 마지막으로 모든 사람을 위한 구원이 있다(12-13절). 유대인, 이방인 가릴 것 없이 모든 사람은 그리스도의 구원이 필요하고 구원받을 수 있다는 점에서 다르지 않다.

3. 9-13절의 진리는 14-15절의 그리스도인에게 무엇을 하도록 이끄는가? 왜 그런가?
그리스도의 이름을 믿음으로 부르고 구원을 받는다. 그러므로 먼저 그리스도
에 대해 들어야 한다(14절). 그리스도인은 복음을 소통하거나 전파해야 한다.
누군가는 이를 위해 보내심을 받아야 한다(15절). 바울은 사도들뿐만 아니라
모든 그리스도인이 보내심을 받는다고 암시한다. 하나님은 우리를 구원의 아
름다운 소식과 함께 세상으로 향하게 하신다. 구원받기 위해 모든 사람이 그
리스도의 이름을 믿음으로 불러야 하고, 누구나 그렇게 할 수 있다. 그리스도
인은 이 아름답고, 좋은 소식을 전해야 한다.

— 더 깊이 알기
16-21절에서 바울은 원래 가졌던 질문으로 돌아간다. 왜 유대인들은 믿지 않
았는가? 바울이 어떤 가능성을 제기하고, 또 그에 대해 어떻게 대답하는가?

• **18절**
어쩌면 그들은 듣지 못한 것일까? 아니다. 물론 그들은 들었다. 바울은 놀랍
게도 시편 19편을 인용한다. 하나님의 피조물이 하나님의 영광을 선포한다고
말한다. 분명 바울은 복음이 광범위하게 전파되었음을 말하고 있다(여기서 바
울은 유대인에 대해서만 생각하고 있고, 1세기 세계 전체의 인구에 대해 생각하고 있지 않
다는 것에 유념하라. 유대인 공동체가 있는 곳에는 분명히 복음이 전파되었다). 유대인
들은 복음을 들었다.

• **19-20절:**
어쩌면 이스라엘이 이해하지 못했던 것일까? 그러나 바울은 19절에서 말한

다. 구약시대에는 이방인들이 이해하지 못했지만, 하나님이 그것을 극복하셨다(20절). 그리고 이스라엘은 다음과 같은 것들을 이방인보다 훨씬 더 많이 이해했다. 하나님의 본질, 하나님과 올바른 관계가 되어야 할 필요성, 성막과 성전 예배에 뚜렷이 나타나는 대속적 용서에 대한 약속, 메시아에 대한 언약, 그리고 하나님이 우리의 의가 되실 것이라는 사실(렘 23:5-6 참조) 등을 알고 있었다.

- **21절에서 정답은 무엇인가?**

이스라엘은 순종하지 않고 거슬러 말했다. 이것은 놀라운 지적이다. 하나님이 이스라엘에게 손을 내미셨으나 그들은 듣고 이해했음에도 믿음의 초청을 거절하고 스스로의 노력으로 의를 획득하겠다고 고집했다.

4. 하나님이 이스라엘을 버리지 않으셨다는 증거는 무엇인가?

- **현재(1절):**

  바울이 가장 큰 증거이다. "나를 봐. 나는 유대인이고 복음에 대해 완강했었어. 하나님이 나를 포기하지 않으셨는데, 어떻게 하나님이 유대인을 포기하셨다고 말할 수 있어?"

- **이스라엘의 역사(2-6절):**

  800년 전 하나님의 선지자 엘리야 시대에 이스라엘이 신자들을 박해하자 엘리야는 "오직 나만 남았거늘"이라고 생각했다(왕상 19:14 참조). 그러나 하나님은 엘리야의 생각을 반박하셨다. 하나님은 이스라엘을 버리지 않으셨고 "내가 이스라엘 가운데에 칠천 명을 남기리니 다 바알(거짓 경쟁자 신)에게 무릎을 꿇지 아니하고 다 바알에게 입맞추지 아니한 자니라"라고 하셨다. 다시 말해서, 이스라엘에는 항상 신실한 남은 자가 있었다. 그들은 이스라엘 안의 영적 이스라엘이다. 5-6절에서 바울은 지금도 남은 자가 있다고 말한다.

5. 이스라엘이 '넘어짐'으로(즉 복음을 거절해서) 일어난 일은 무엇인가(11-12절)?
이방인에게도 구원이 이르렀다. 이스라엘의 주류가 기독교에 적대적이었기 때문에 초기 유대인 그리스도인들은 복음이 이스라엘 민족만을 위한 것이라고 결론내릴 수 없었다. 그래서 그들은 이방인들에게 가서 복음을 전했다. 이는 곧 복음의 풍성함을 세상에 전한 것이다.

- **이방인의 회심이 이스라엘에게 어떤 영향을 미쳤고, 그것이 바울 사역에 어떤 영향을 미쳤는가(11, 13-14절)?**
  이스라엘을 시기 나게 했다(이것은 죄악된 탐심의 시기가 아니다. 즉 이웃이 가진 것을 갖고 싶어 하거나, 내가 갖지 않았기 때문에 이웃도 갖지 않기를 바라는 게 아니다. 하나님은 유대인이 시기하는 그 구원을 모든 사람이 누리기를 바라신다). 그래서 바울이 이방인을 전도한 사역의 목표는 "내 골육을 아무쪼록 시기하게 하여 그들 중에서 얼마를 구원하려 함"이었다(14절). 구약의 많은 약속들이 이방인 그리스도인들에게 성취된 것을 본 유대인들이 그리스도를 믿게 될 것이다.
  ＊주의: 이것의 예는 사도행전 6장 1-7절이다. 초대교회가 집사를 세워 빈민을 돌보게 하자 많은 유대인 제사장들이 그리스도께로 회심했다. 왜 그런가? 원래 제사장들이 사람들의 헌금을 빈민에게 분배해야 했지만, 그것은 잘 이루어지지 않았다. 그런데 이제 그리스도인들이 성령의 능력으로 풍성하게 베풀고 공동체를 이루어 그 안에서 모든 빈민을 돌보았다. 이스라엘이 원래 그렇게 했어야 하지만(신 15:4-5), 그렇게 하지 못했었다. 제사장들은 그것을 보고서 "시기하여" 복음을 듣고 믿게 되었던 것으로 보인다.

6. 만일 당신의 교회가 주로 이방인이라면, 하나님이 구약의 이스라엘에게 시키신 일을 성취하며 살고 있는가? 어떻게 그렇게 할 수 있는가? 어떻게 더 그를 위해 노력하겠는가?

- 독실한 유대인이 당신의 교회를 보면 시기심이 나서 복음을 듣게 될 것인가?
  다음 말씀을 보고 당신의 교회가 하나님이 하나님의 백성에게 정하신 우선순위를 얼마나 잘 지키는지 생각해 보라. 출애굽기 23장 9절.

7. 바울은 이방인 그리스도인이 무엇을 하고, 무엇을 하지 않기를 바라는가?

- 18-21절
  자랑하지 말라. 잘린 원 가지, 즉 믿지 않는 유대인을 무시하지 말라. 이방인 그리스도인은 이스라엘을 통한 역사와 약속에 접붙여졌다. 우리는 유대인의 성경과 유대인의 메시아를 갖는다. 그러므로 이방인 그리스도인은 오만하지 말아야 하고, 도리어 두려워해야 한다(20절). 그리스도를 믿지 않는 유대인을 하나님이 아끼지 않으셨으므로 우리가 그리스도를 믿기를 멈춘다면 하나님이 우리도 아끼지 않으실 것이다.

- 22절
  하나님의 인자하심과 준엄하심을 묵상하라. 하나님은 인자하시고, 준엄하시다. 믿지 않는 이스라엘의 예는 우리를 안일에 빠지지 않게 하고 계속 나아가도록 결단하게 한다.
  * 주의: 이것을 8장 30절의 "의롭다 하신 그들을 또한 영화롭게 하셨느니라," 혹은 바울이 우리가 그리스도의 사랑 안에 안전하다고 하는 본문과 배치되는 것으로 보지 말아야 한다. 이것은 당신이 받은 구원을 잃을 수 있다는 말이 아니라, 가짜에 대한 경고이다. 유대인이 그리스도를 거절한

것은 그들이 진정한 하나님의 백성이 아니었다는 것을 보여 준다. 우리가 그리스도 예수를 믿는다면, 우리는 구원을 확신할 수 있다. 그러나 결코 오만하지 말아야 한다.

- **그들은 무엇을 믿어야 하는가?(23-24절)**
  하나님이 유대인을 구원하실 수 있다는 것을 믿어야 한다. 하나님이 이방인(원 돌감람나무)을 구원할 수 있으셨다면, 유대인, 즉 원 가지를 얼마나 더 자기 감람나무에 접붙이심을 받게 하실 수 있겠는가!

  ⌄

    - 만일 당신이 하나님의 인자하심이나 준엄하심 중에서 하나만 기억한다면 신앙생활이 어떻게 잘못될까?
    - 인자하심만 기억한다면 자신이 구원받았다고 생각하면서 안일해질 것이다. 모든 사람이 구원받는다거나 착한 사람이 구원받는다고 생각하는 오류에 빠질 것이다. 이미 구원받았다고 생각하기 때문에 그리스도를 의지하지 않을 것이다.
    - 준엄하심만 기억한다면 구원을 잃을까봐 걱정하고 무서워할 것이고, 거룩하게 살지 못해서 낙담할 것이다. 행위가 아니라 그리스도로 인해 구원받는다는 사실을 잊을 것이다.

8. 바울은 하나님이 이스라엘을 어떻게 보신다고 말하는가(28절)?

사랑받는 원수로 보신다. 그들은 복음을 거절하고 신자들을 박해해서(살전 2:14-16 참조) 스스로 "너희로 말미암아 하나님의 원수 된 자"다. 그러나 그들은 또한 "조상(족장)들로 말미암아 사랑을 입은 자"다. 하나님이 그 조상들과 축복과 구원의 약속을 맺으셨다. 하나님이 모든 그리스도인이 아직 원수였을 때 사랑하셨듯이(롬 5:8), 그리스도를 믿지 않는 유대인도 하나님의 원수이지만 하나님이 사랑하신다.

9. 이것은 우리가 유대인 비그리스도인을 어떻게 보게 하는가?

소그룹원에게 30-31절을 보게 하는 것이 좋다. 우리는 소망을 갖고 말씀을 보아야 한다. 이스라엘의 불순종을 통해 하나님이 우리에게 긍휼을 베푸셨다. 이제 하나님이 우리의 믿음을 통해 이스라엘에게 다가가실 수 있다. 하나님이 유대인을 사랑받는 원수로 보시듯이, 하나님의 백성인 우리도 유대인을 그렇게 보아야 한다. 우리는 복음을 거절하는 유대인을 사랑해야 하고, 복음을 전해야 하고, 하나님의 축복의 약속이 우리 교회 안에 성취된 것을 유대인에게 보여 주어야 한다.

당신의 교회와 개인은 실제적으로 어떻게 달라져야 할까?

최소한 우리는 유대인을 위해 기도해야 한다. 한 걸음 더 나아가 유대인 이웃이 있다면 복음을 전해야 한다.

10. 바울은 무엇에 대해 하나님을 찬양하는가?

하나님의 지혜와 지식의 풍성함(33절).

그분의 판단은 헤아리지 못할 것이며 그분의 길은 찾지 못할 것이라는 사실(33절).

하나님은 우리에게 아무것도 빚지지 않으시고 우리의 아무것도 필요로 하지 않으신다는 사실(35절).

만물이 주에게서 나오고 주를 위해 존재한다는 사실(36절).

11. 9-11장의 마지막에 바울이 찬양하는 것이 중요한 이유는 무엇인가?

하나님의 백성을 구원하시기 위한 하나님의 주권적 계획과 택하심을 바울이 살펴본 후이기 때문에 의미심장하다. 그것은 완전히 이해할 수 없는 것이고,

많은 질문과 긴장을 불러일으킨다. 그런데도 바울은 그 후에 하나님을 찬양한다. 바울이 진리를 공부하자 예배하게 되었다. 바울은 자신이 분별하거나 이해할 수 없는 하나님의 방법 때문에 번민하지 않고 오히려 그것으로 인해 하나님을 찬양한다(33절).

12. 9장 1-5절을 다시 읽으라. 그것을 11장 33-36절과 나란히 놓고 볼 때, 하나님이 절대주권으로 백성을 택하신다는 것을 알게 된 바울에게 어떤 영향을 주었는가?
그것은 바울로 하여금 하나님을 찬양하고 하나님께 영광 돌리기를 갈망하게 했다(33-36절). 그렇다고 해서 동족이 구원받지 못한 것에 대한 우려나 동족이 그리스도를 믿지 않을 것에 대한 상심이 덜어진 것은 아니다. 바울은 하나님의 긍휼하신 택하심에 대해 하나님을 찬양하는 한편, 그리스도를 믿도록 하나님이 (아직) 부르지 않으신 자들을 위해 운다.

우리는 로마서 9-11장에 어떻게 반응하게 될까?
우리도 바울처럼 해야 한다. 하나님의 택하심의 교리 때문에 구원받지 못한 자들에 대해 냉담해지거나 그들이 구원받지 못할 것이라고 절망하지 말아야 한다. 오히려 그들이 구원받을 수 있다는 확신이 더 돈독해져서 전도해야 한다. 동시에 하나님이 누구든 택하신 것에 매우 감사하며, 하나님이 우리에게 베푸신 긍휼 앞에서 깊이 겸손해져야 한다. 그리고 우리를 초월하시고 긍휼하시고 정의로우시고 절대주권자이신 하나님을 찬양해야 한다.

너희 몸을 산 제물로 드리라

— 목표

하나님이 우리를 위해 하신 일 덕분에 우리는 하나님을 위해 헌신한다. 또 우리가 하는 모든 일, 즉 우리 자신을 어떻게 보는가, 교회를 어떻게 섬기고 사랑하는가, 나라와 사회에서 어떻게 사는가로 하나님을 기쁘시게 하고자 한다.

— 개요

12장은 전환점이고, 새로운 문단의 시작이다. '그러므로'(1절)는 바울이 앞에서 설명한 복음을 알고 신뢰하는 것에서 그리스도인의 삶이 우러나와야 한다고 제시한다는 것을 말해 준다. 12장 1-2절은 그리스도인의 삶 전체를 요약한다.

- 하나님의 모든 자비하심으로: 하나님이 우리를 위해 하신 일에 감사하며

살아야 한다.

- 너희 몸을 … 산 제물로 드리라: 전심으로 값을 지불하고 순종함으로 감사가 나타나야 하고, 그것은 생각만 아니라 몸까지 포함한다.
- 하나님이 기뻐하시는 거룩한: 복음은 우리의 창조자를 기쁘시게 하는 삶을 살도록 우리를 자유롭게 하고 또 그렇게 하려는 동기를 부여한다. 그리스도 안에서 우리는 하나님을 기쁘시게 할 수 있다.
- 이는 너희가 드릴 영적 예배니라: '영적'을 '논리적'으로 번역하면 더 좋을 것이다. 다시 말해서, 하나님의 자비를 확실히 안다면, 이렇게 사는 것만이 합리적 반응일 것이다.
- 본받지 말고 … 변화를 받아: 주변 세상의 패턴을 거절할 줄 알아야 하고, 우리의 성품과 삶에 대한 하나님의 뜻을 받아들여야한다.

12-13장의 나머지 부분은 우리 삶의 다음 영역들에서 어떻게 '산 제물'이 될수 있는지 보여 준다.
- 나와 나의 능력을 어떻게 볼 것인가(3-8절).
- 교회 안에서, 그리고 교회를 박해하는 자들을 향해(9-21절).
- 국가의 시민으로서(13:1-8).
- 이웃에 대해(9-10절).
- 현재와 미래에 대한 우리의 관점에 있어서(11-14절).

― 한 걸음 더 나아가기

본문은 "주 예수 그리스도로 옷 입으라"는 권면으로 끝난다(13:14). 우리의 옷은 우리가 누구인지를 보여 주고 우리가 어떻게 행동하는가에 영향을 미친다(질문 10 참조). 소그룹원에게 각 나라의 전통 복장을 한 사람들의 사진을 보여주고 어느 나라인지 맞추어 보게 하라. 전통 복장을 하면 기분이나 행동이 어떻게 달라질지 토론해 보게 하라.

— 질문 길라잡이

1. 삶에 대한 그리스도인의 접근법을 한 문장으로 요약해 보라.

이 질문은 다음과 같은 의미다. "믿음으로 의롭다하심을 받은 그리스도인이 되면 일상생활, 결정, 우선순위, 반응 등이 어떻게 달라지는가?" 틀린 대답은 없다. 바울은 12장 1-2절에서 그리스도인의 삶 전체를 요약한다.

2. 바울은 형제들 즉 동료 그리스도인들에게 무엇을 권하는가? 그것은 어떤 의미인가?

· **1절**

"너희 몸을 … 산 제물로 드리라." 이것은 구약의 성전에서 희생제물로 바쳐진 번제를 말한다. 그것은 귀하고 흠이 없는 짐승을 당신의 가축 중에서 선택하여 하나님께 바치는 것이다. 이는 당신이 가진 모든 것을 하나님이 그 뜻대로 하실 수 있다는 것을 의미한다. 남은 것을 하나님께 드리는 것이 아니다! 그러므로 "산 제물"이 되는 것은 온전히 하나님의 뜻에 맡기는 것이며, 그러기 위해서는 값을 치를 수도 있다. 그리고 그것은 우리의 '몸'을 포함한다. 하나님께 올바로 응답하는 것은 단지 내면적이고 추상적이지만은 않다. 실제적인 일이다. 또 주목할 것이 있다. '산'이라는 단어는 우리가 제물을 항상 바쳐야 한다는 것을 의미한다. 그리스도인은 삶과 몸을 하나님께 순종하여 매일 바쳐야 한다. 그것은 우리 자신, 우리의 욕망, 취향에 대해 매일 죽는 것이다(눅 9:23-24의 예수님의 말씀을 보라).

- **2절**

    "마음을 새롭게 함으로 변화를 받아." 우리의 마음이 복음으로 불붙어서 하나님의 방식으로 생각하고 느끼고 행동하며 우리 삶에 대한 하나님의 뜻을 알고 사랑해야 한다. 즉 이제 우리는 세상이 어떻게 생각하고 일하는가를 본받지 않는다. 우리는 세상의 사고방식을 깨닫고 거절한다.

3. 바울은 이 구절들에서 그리스도인으로서 열심히 살아야 한다고 어떻게 동기를 부여해 주는가?

"그러므로 … 하나님의 모든 자비하심으로"(1절): 바울이 로마서 1-11장에서 설명한 모든 것 때문에 우리는 하나님께 헌신한다. 1-11장은 우리가 오직 은혜로, 오직 믿음으로 말미암아, 오직 그리스도 때문에 의롭다하심 받았음을 말해 준다. 그 은혜에 감사하는 것이 우리의 동기다.

"하나님이 기뻐하시는"(1절): 복음은 우리 삶의 목표를 파격적으로 바꾼다. 그래서 이제 우리는 우리 아버지를 기쁘시게 하려고 산다(살전 2:4 참조). 그리스도 안에서 하나님이 우리를 사랑하시고 하나님의 자녀로 인정하신다. 그래서 이제 우리는 아버지를 기쁘시게 할 수 있고 기쁘시게 하기를 원한다.

"너희가 드릴 영적 예배"(1절): 영적이라는 단어는 문자적으로 '합리적'이라는 의미가 있다. 하나님의 자비에 대한 유일한 논리적 반응은 우리 삶을 희생제물로 바치는 것이다. 이는 곧 하나님을 예배하는 것이다.

우리가 그렇게 살고, 그렇게 생각할 때, "하나님의 … 뜻이 무엇인지 분별"할 수 있다(2절). 그때 우리는 하나님을 더 잘 이해할 수 있고, 어떻게 선한 삶을 살 수 있는지 알 수 있다.

- 그리스도인이 하나님의 뜻대로 살려고 하는 다른 동기는 무엇인가? 왜 그것은 효과적이지 않은가? 다른 큰 동기는 두려움이다. 만일 두

려움이 우리가 순종하는 주된 동기라면, 다음과 같은 영향이 나타날 것이다.

시간이 지나며 동기가 약해질 것이다. 두려워서 큰 일을 할 수도 있지만, 그러다 쉽게 지친다. 두려움을 기반으로 한 종교는 일시적이다.

회개하기가 어렵다. 그런 사람은 생각하기를, 넘지 말아야 할 선이 있고, 너무 많이 죄를 지으면 하나님이 정죄하실 것이라고 본다. 그래서 회개를 거부하거나, 두려워 떨며 회개한다. 하나님의 보복을 두려워하기 때문이다.

고난을 벌로 본다. 시련을 당하면 이렇게 생각한다. "하나님이 내게 복수하시는 거야! 하나님이 나를 버리셨어!" 혹은 "이건 공정하지 않아. 내가 순종했으니까 이런 일이 일어나지 말아야 하는데 일어났어!"라고 말한다. 신앙생활의 기반이 두려움이면 고난당할 때 절망과 원망이 생긴다.

4. 우리는 어떻게 그리스도를 예배하는가? 그것이 왜 기쁘기도 하고 도전이 되기도 하는가?

우리는 매일 제물이 되어 하나님께 헌신한다. 예배는 단지 주일예배 이상이고, 매일의 삶이다. 예배는 우리에게 모든 것을 주신 그리스도께 우리의 모든 것을 드리는 행위이다. 그것은 기쁘다. 우리를 구원하신 하나님을 매순간 예배할 수 있기 때문이다. 감사에서 우러나온 예배로 항상 헌신할 수 있다. 또한 그것은 도전이기도 하다. 왜냐하면 로마서 12장 1-2절에서 예배가 주일, 교회 행사, 찬양하는 것에 국한되지 않는다고 말하기 때문이다. 그 모든 것은 예배의 한 방법일 뿐, 예배는 그보다 훨씬 더 근본적이다.

5. 어떻게 믿음의 분량이 믿음의 기준을 의미한다는 말이 우리가 스스로를 지혜롭고 바르게 판단하도록 돕는가?

우리는 복음 신앙에 자신을 비추어 보아 지혜롭게 생각할 수 있다. 바울은 "너희 모두가 십자가에 못 박히신 그리스도를 믿어 구원받았으니, 너희 자신을 그렇게 평가하라"고 말한다. 그래서 우리는 스스로 너무 과분하게 생각하지 않아야 한다. 즉 우리가 죄인임을 인정해야 한다. 우리의 노력으로는 심판을 면할 수 없다. 그러나 복음은 또한 우리가 자신을 너무 낮추어 생각하지 않아도 된다고 가르쳐 준다. 우리는 구원받은 죄인이기 때문에 하나님의 눈에 한없이 사랑스럽고 소중하다. 궁극적으로는 우리를 향한 하나님의 의견이 가장 중요하다. 지혜롭고 바르게 우리 자신을 평가하는 것은 복음에 비춘 평가이다.

6. 또 우리는 자신을 어떻게 보아야 하는가(5-6절)?

우리는 다양한 은사를 가졌고 모두 다르나, 같은 소속이다. 교회인 우리는 서로를 한 몸으로 보아야 한다. 구별된 성격, 기질, 역사, 능력을 받았다. 이에 대해 고린도전서 12장 17-21절을 참고하라.

• **하나님이 우리에게 주신 것으로 무엇을 해야 하는가(6-8절)?**

하나님의 은사를 사역에 사용하라. 사역은 사람들의 필요에 초점을 맞추어 섬기는 통로다. 하나님이 우리에게 능력을 주신 대로 그것을 사용해야 한다.

* 주의: 이 본문에는 하나님이 주시는 은사가 다 열거되지 않는다. 바울이 다른 은사들을 고린도전서 12장 8-10, 29절, 에베소서 4장 11절에서 말한다. 로마서 12장에서 바울은 예언을 언급한다. 여기서 그것은 필시 하나님으로부터 오는 신성한 영감의 메시지는 아닐 것이다. "믿음의 분수대로"라는 구절을 보면, 선지자는 기독교 교리에 어긋나게 예언하지 말아야 한다. 만일 여기서 예언이 하나님이 직접 주시는 신성한 말씀이라면, 왜

이런 규칙을 말하겠는가? 그러므로 로마서 12장 6절은 다양한 형태의 설교를 의미하는 것 같다.

7. 이 구절들은 우리의 관계 속에서 '산 제물'이 되는 것이 무엇이라고 보여 주는가?

· **교회 안(9-16절)**

"사랑에는 거짓이 없나니"(9절). 진짜 사랑은 매우 희생적이다. 바울이 그것을 이 문단에서 보여 준다. 당신의 소그룹원에게 각 명령이 무슨 의미인지, 실생활에서 어떻게 나타나는지, 어떻게 산 제물이 되는지 생각해 보라고 하라. 가령 이렇게 생각해 볼 수 있다.

진짜 사랑은 하나님께 대한 불순종을 미워한다(9절). 그렇게 하는 사람이 우리가 사랑하는 사람이라도 말이다. 사랑하는 사람의 잘못을 지적하지 않는다면, 그 사랑은 진짜 사랑이 아니라, 상대방에게 사랑받으려는 이기적 욕심일 뿐이다. 참 사랑은 잘못을 알려 주려 한다.

진짜 사랑은 끈질기게 헌신한다. 즉 헌신적인 형제애다. 그리스도인들 사이에도 가족과 마찬가지로 깨질 수 없는 유대가 있다.

진짜 사랑은 남을 우선시한다. "서로 … 존경하기를 서로 먼저 하며"(10절). 나보다 남의 필요에 집중하게 된다는 것이다. 16절에서는 그 개념이 반복된다.

진짜 사랑은 인내한다. 11-12절에서 그것을 촉구한다.

진짜 사랑은 행동이 따른다. 우리는 서로 공감해야 한다(15절). 또한 "말로만 하지 말고 실행해야 한다"(13절).

사랑은 사람들에게 필요한 것을 주기 위해 행동하는 것이다. 즉 당신의 감정, 행동, 권리를 희생하여 섬기는 것이다.

- **교회를 박해하는 자들(17-21절)**

기본 원리가 처음과 마지막에 요약된다. "아무에게도 악을 악으로 갚지 말고"(17절). "악에게 지지 말고 선으로 악을 이기라"(21절). 우리는 적대적인 사람을 거부하지 말고 그들과 화목하게 살아야 한다(18절). 용서하고, 보복이나 원망을 내려놓으라(19절). 그들에게 사랑의 말과 행동을 보이라(20절).

＊주의: 여기에는 한계가 있다. 9절은 우리가 어떤 사람을 죄지을 수 있게 하면 그 사람을 정말로 사랑하는 게 아님을 일깨워 준다. 즉 만일 원수가 공격성이 너무 강하면, 우리가 그들과 관계하는 것이 오히려 그들을 죄짓게 하는 것일 수 있다. 그때 그들에게 선을 베푸는 것은 그들을 피하는 것이다. 우리의 동기를 분별하라. 그들을 축복하려 하는가, 되갚아 주려 하는가?

8. 국가와의 관계에서 어떻게 하나님을 기쁘시게 할 수 있다고 말하는가? 말씀에서 살펴보라.

국가의 권위에 복종하라(1절).

양심을 따라 복종하라(5절). 우리가 순종하는 것은 단지 벌을 받지 않기 위해서가 아니라, 그것이 하나님께 순종하는 길이기 때문이다.

존경하며 복종하라(7절). 권위에 대한 존경, 공경, 예의를 갖추어 순응해야 한다. 권위의 자리에 있는 개인들이 존경받을만하지 않더라도 우리는 그들 배후의 권위 제도를 존중한다.

- 이 구절들은 복종해야 하는 3가지 이유를 말한다.
- 그것은 옳다(1절)- 하나님이 그 권위들을 세우셨다.
- 그것은 지혜롭다(3-4절)- 정부는 사람들이 공존하여 사는 것이 가능

하도록 사람들을 점검하기 위해 필요하다. 칼을 가진 국가가 없으면, 혼란이 야기될 것이다. 우리 모두가 칼을 휘두를 수는 없으니, 우리를 대표할 사람이 필요하다.

- 그것은 공정하다(6-7절)- 이 구절들은 그것이 공정하므로 복종하라고 말한다. 바울은 정부의 통치가 어려운 일이라고 말한다. 그래서 우리는 존경과 복종으로 응답할 의무가 있다.

   * 주의: 바울 시대의 당국은 최소한 친절하지 않았고, 최악의 경우에 교회에 매우 적대적이었다는 것을 소그룹원에게 일깨우라. 그러므로 우리의 정부가 기독교 정부가 아니거나 기독교의 우선순위를 따르지 않기 때문에 복종하지 않겠다고 말할 수 없다.

— 더 깊이 알기

로마서 13장 7절에서 바울의 말은 마태복음 22장 21절의 예수님의 말씀과 같다. 예수님은 우리가 가이사(국가)에게 무엇을 주고, 무엇을 주지 말아야 한다고 말씀하시는가?
우리는 국가에 세금을 납부해야 할 의무가 있지만, 우리의 최우선적 충성, 우리의 예배까지 바칠 의무는 없다. 국가에 속한 것은 일부이고, 하나님께 속한 것은 전부다.

바울은 이 성경 구절들은 그리스도인이 국가에 복종할 의무의 한계를 어떻게 보여주는가?
우리는 다음과 같은 경우에 순종할 의무가 없다.
당국이 하나님의 도덕법을 어기라고 한다. 가령 이스라엘의 남자 아기들을 죽이라고 했다(출 1:17).
당국이 하나님 아닌 다른 것을 예배하라고 한다. 가령 왕을 신으로 예배하라고 했다(단 3:4-6).

당국이 하나님의 명령을 금한다. 가령 사람들에게 그리스도에 대해 말하지 말라고 했다(행 5:29).

9. 8-10절은 우리가 주변 사람들을 어떻게 참으로 사랑할 수 있다고 말하는가?

우리는 서로 계속 사랑해야 할 빚을 지고 있다. 그것이 하나님의 법을 지키는 길이다. 율법은 네 이웃을 네 자신과 같이 사랑하라는 이 한 가지 규칙으로 요약된다(9절). 하나님의 율법은 어떻게 서로 사랑하는지 보여 준다. 율법에 순종하는 것이 사랑하는 것이다. 다른 사람을 사랑하려면, 하나님의 율법에 순종해야 한다.

* **그렇게 사랑하는 것은 왜 인기가 없는가?**

    왜냐하면 단기적으로 볼 때 사랑하려면 하나님의 법을 어겨야 하는 것으로 보이기 때문이다. 예를 들어, 우리는 진실을 말하면 상처를 줄 것 같아서 거짓말을 하는 경우가 많다. 그러나 바울은 그 사람에게 무엇이 최선인지 판단하는 데 있어서 우리가 하나님보다 지혜롭지 않다고 말한다. 그러나 우리는 사랑하는 것을 "상대방을 편안하게 해 주는 것"이나 "나의 인기를 관리하는 것"으로 착각한다.

10. 그리스도인은 사랑에 관해 어떤 관점을 가져야 하며, 비그리스도인과 어떤 차이를 가지는가(11-14절)?

예수님이 다시 오실 그날의 구원이 매일 가까워지고 있다(11절). 밤(현재의 세상)은 오래지 않을 것이고, 곧 낮(영원한 세상)이 될 것이다(12절).

그러므로 우리는 빛의 갑옷을 입어야 하고(12절), 낮과 같이 행해야 한다(13절). 우리는 낮이 동터오고 예수님이 우리 앞에 오신 것을 상상하고 질문해야 한다. "그렇다면 이제 나는 어떻게 행동해야 하는가? 무엇이 정말로 영원히 중요한가? 무엇이 영원히 남을까?"

그래서 우리는 예수로 옷 입은 것처럼 살아야 한다(14절). 옷차림은 행동에 영향을 미친다. 우리는 무엇을 입고 있는지 기억하고 그에 맞게 행동해야 한다.

11. 이번 주에 당신은 어떻게 구체적으로 더 희생하며 살 수 있는가?

- 다른 교인에게
- 동네주민에게
- 국가와의 관계에서

사람마다 상황이 다르다. 어떤 사람에게는 큰 희생인 것이 다른 사람에게는 정반대일 수도 있다. 그러므로 이 질문은 소그룹원들을 경쟁시키려는 것이 아니다. 다른 교인들이 뭘 해야 한다고 생각하는 시간도 아니다. 소그룹원들이 나누기 전에 각자 답을 적어 보게 할 수 있다. 혹은 나누지 않고 그냥 각자 답을 적어 보게 할 수도 있다.

갈라디아서 6장 2-5절은 일깨운다. 우리가 서로의 짐을 지더라도 각자의 짐, 각자의 상황과 책임이 있다. 그래서 각 사람마다 어느 정도가 희생인지가 달라진다. 예를 들어 어떤 사람은 매달 10만 원을 헌금하겠다고 할 수 있다. 그 사람에게는 그것이 큰 희생일 수 있으나, 다른 사람에게는 전혀 희생이 아닐 수 있고, 또 어떤 사람에게는 완전히 불가능한 것일 수 있다.

12. 어떻게 서로 그렇게 살도록 격려할까(특히 힘든 경우)?

우리는 이 모든 것을 "하나님의 모든 자비하심으로", 즉 우리가 하나님께 받은 자비를 생각함으로 해야 한다. 다른 동기는 우리를 교만하거나 낙담하게 한다. 그러므로 우리는 서로에게 하나님의 자비를 일깨움으로 서로를 격려해야 한다. 매일 일상의 삶 속에서 받는 자비와 십자가의 최고의 자비를 바라보자.

13. 믿음이 약한 자와 강한 자(14:1-15:1)

다른 그리스도인들을 판단하지 말라

— 목표

모든 그리스도인은 그리스도 안에서 구원받았고 그리스도께 속한다. 그러므로 우리는 다른 행동을 하는 다른 사람들을 판단하지 말아야 하고, 또한 우리가 어떤 것을 해도 되지만 그것을 하지 않는 다른 사람들을 섬기기 위해 우리의 자유를 제한해야 한다.

— 개요

바울은 복음에 대해 말해온 모든 것, 즉 복음이 어떻게 우리를 구원하고 변화시키는가를 구체적으로 적용한다. 로마 교회 안에는 어떤 문제가 있었다. 그리스도인들이 "논란이 있는 불확실한 의견"에 대해 "비판하지 말라"라는 것을 지키지 못하고 있었다(1절). 그 문제는 구약에서 부정하다고 한 고기와 음식을 먹는 것, 음주, 특정한 절기를 지키는 것을 포함한 것으로 보인다.

바울은 믿음이 연약한 신자들에게 도전하기를, 그들과 의견이 다른 자들을 정죄하지 말고, 자신의 위치를 살펴보고, 그리스도가 죽으셨고 모든 그리스도인의 재판장이심을 기억하라고 한다. 믿음이 강한 자들은 생각 없이 자유를 누리지 말아야 한다(가령 고기를 먹는 문제). 그래서 강한 자의 그런 행동 때문에 약한 신자가 양심에 어긋나는 잘못된 행동을 하는 일이 없게 해야 한다. 교회마다 논란이 있는 불확실한 문제가 다를 수 있다. 여하튼 14장 1-2절의 원칙과 그 이후 15장 1절까지에서 바울이 제시하는 동기와 이유가 이 사안에 적용된다.

— 한 걸음 더 나아가기

소그룹원 중 두 명에게 논란의 소지가 있는 명제를 제시하라. 예를 들어 "호주는 지구상에서 가장 아름다운 나라다." "내년에 닉스가 NBA에서 우승할 것이다." "1990년대야말로 십대에게 가장 좋은 시대였어." 한 명에게 그 명제를 변호하라고 하고, 다른 한 명에게는 거기에 반대 의견을 제시하게 하라. 각 사람에게 1분을 주고 서로의 말에 대답하게 하라. 그 다음에 나머지 소그룹원들에게 한쪽 편을 들어서 의견을 말하게 하라. 한동안 토론하게 한 후에 질문하라. "의견이 다르니까 기분이 어땠습니까? 반대 의견의 소그룹원들에 대해 갖는 느낌이 어떻게 달라졌습니까?" 이 실습의 목적은 세상의 흥망이나 생사가 달린 문제가 아니더라도 의견 불일치는 사람들을 다르게 보게 하고 결국 다르게 대하게 한다는 것을 보게 하는 것이다.

— 질문 길라잡이

1. 교회 안에서 피할 수도 있는 의견불일치와 분열을 일으키는 것은 무엇인가?

잘못된 가르침 때문에 의견불일치와 분열이 일어난다면 그것은 슬픈 일이긴 하지만 정당하다. 그러나 피할 수 있는 것도 많다. 바울이 말한 "논란이 있는 불확실한 의견"에 대한 것이다(14:1). 이 질문은 논란이 있는 그 주제들이 무엇인지 알아보려는 게 아니라, 그 배후의 태도에 대해 생각해 보려는 것이다. 이 문제는 어떤 신자들이 성경이 금하지 않은 행동을 할 때, 다른 그리스도인들이 정죄하는 것 때문에 많이 일어난다. 혹은 사실은 옳지만 논란이 되는 행동을 그리스도인이 했을 때, 다른 신자들이 그것을 보고 양심을 위배하고 자신이 생각하기에 잘못된 행동을 하기 때문이다. 질문 6과 질문 9 다음에 지금 토론했던 것을 되짚어 볼 수 있다.

2. 두 그룹 사이의 의견 차이는 무엇인가?

- 2-3절: 음식. 어떤 사람들은 그리스도인은 고기를 먹지 말아야 한다고 느꼈다.
- 5절: 어떤 사람들은 특정한 날들을 거룩하게 지켜야 한다고 느꼈다(아마도 유대인의 구약 절기일 것이다. 골로새서 2장 16절을 보라).
- 14, 20절: "속된, 부정한" 음식. 이것은 구약의 의식법에 대한 것으로 정결하고 부정한 음식에 대한 것이다(예: 레위기 11장, 신명기 14장).
- 21절: 포도주를 마시는 것

3. 이것은 바울이 말한 "약한 자"와 "강한 자"의 의미를 어떻게 이해하게 하는가?

약한 그리스도인이란 복음의 함축 의미를 생활과 행동에 적용하지 않은 사람이다. 그들은 믿음이 부족하거나 믿음의 실행에 헌신적이지 않은 사람이 아니다(오히려 믿음이 약한 자가 일반적으로 하나님을 기쁘시게 하려는 열심히 매우 강하다). 그들의 약함이란 어떤 영역에서 아직 율법주의적으로 살고, 오직 은혜로 구원받은 것이 삶의 영역들에 어떻게 적용되는지 심사숙고해 보지 않은 것이다. 반면에 강한 그리스도인은 자유롭게 어떤 것을 해도 된다는 것을 알고, 구원이 행위에 달려 있지 않다는 것을 안다.

─ 더 깊이 알기

고린도 교인들의 쟁점은 무엇이었는가?
이방 신전의 우상숭배 후에 남은 고기를 그리스도인이 사서 먹어도 되는가.

"약한 자"는 무엇을 걱정했고 "강한 자"는 무엇을 알았는가?
약한 자는 그 고기를 먹는다면, 설령 자기 집에서 이교 의식과 별개로 먹더라도, 우상숭배를 하는 게 아닌지 걱정했다. 강한 자는 단지 고기일 뿐이며, 우상은 진짜가 아니고, 그 고기를 먹는다고 해서 우상의 힘에 지배되지 않는다는 것을 알았다.

한편 로마 교회에서는 약한 자와 강한 자가 어떻게 뒤바뀌었는가?
고린도의 약한 그리스도인들은 우상숭배를 하다가 거기서 벗어난 사람들이어서 지금도 이방인과 연루되면 오염된다고 느꼈다. 강한 그리스도인은 주로 유대인 그리스도인으로서 그런 경험이 없는 사람들이었던 것 같다. 로마에서는 이와 반대였다. 약한 자는 유대인이어서 구약의 음식법에 대해 걱정했고, 강한 자는 이방인이어서 그런 걱정을 하지 않았다. 이 두 본문을 나란히 놓고 보면, 특정한 쟁점에 관해 한 인종 그룹이나 사회적 그룹이 약한 자가 될 수 있지만, 다른 영역에서는 그들이 강할 수도 있다. 우리는 모두 약하거나 강하거나 할 수 있고, 동시에 두 가지 다 해당될 수도 있다!

4. 약한 자와 강한 자는 서로를 어떻게 보는 경향이 있는가(3절)?

강한 자는 약한 자에 대해 우월감을 갖는다. 즉 강한 자는 약한 자를 낮춰 본다. 강한 자는 자신이 훨씬 더 성숙하거나, 진보했거나, 지혜롭거나, 영적으로 세련된다고 느낀다. 자연히 강한 자는 약한 자가 마음이 좁거나 단순하다고 볼 것이다. 그래서 약한 그리스도인이 강한 신자의 행동에 대해 문제를 제기하면 강한 자는 "문제는 당신이에요!"라고 대답한다. 강한 자는 자신의 행동이 완전히 정당하다고 느낀다. 왜냐하면 하나님이 그것을 금하지 않으셨다는 것을 알기 때문이다. 약한 자는 자신이 생각하기에 잘못된 행동을 하는 강한 자를 정죄하는 경향이 있다. 약한 자는 강한 자가 영적으로 매우 위험한 상태에 있고 죄를 짓고 있다고 비난하고 경고할 것이다. 심지어 강한 자가 그리스도인이 아니라고 판단할 수도 있다.

5. 약한 자가 금기시하는 것을 다른 그리스도인이 했다고 가정해 보라. 약한 자가 그것을 보고 다른 그리스도인을 정죄할 때, 바울은 약한 자가 무엇을 잊고 있다고 지적하는가?

- **1절**
  그것은 기본 원칙이 아니고, 양심의 문제, 즉 논란이 있는 불확실한 의견인데 약한 자가 그것을 구별하지 못하고 있다. 양심의 문제는 하나님이 분명히 금하거나 명령하지 않으신 것이다.

- **3절**
  약한 자가 정죄하는 그 신자를 하나님이 받으셨다. 어떤 그리스도인의 장점이나 약점이나 견해가 어떻던, 그리스도로 말미암아 아버지가 그 그리스도인을 완전히 받으셨다. 그러므로 약한 자는 형제자매를 받아들이고 정죄하지 말아야할 필요가 있다. 하나님이 그들을 정죄하지 않으시기 때문이다(8:1).

- **4절**
  판단하는 분은 하나님이시다.

- **5-8절**
  그들은 자신의 위치를 생각하는 것을 잊었다. 그들이 틀렸을 수 있다. 5절
  에서는 그들이 성급하게 판단하기 전에 먼저 자신의 위치를 심사숙고할
  필요가 있다고 말한다. 그 사안이 하나님이 분명히 말씀하지 않으신 것이
  라면, 다른 사람들도 약한 자들처럼 삶으로 하나님을 기쁘시게 하고 감사
  드리려 한다(6절). 모두가 주께 속한다(7-8절).

- **10-12절**
  우리는 하나님 앞에 설 때 우리의 행동에 대해 대답해야할 것이다(12절).
  그러므로 다른 그리스도인이 뭘 하는지에 초점을 맞추는 대신, 우리 자신
  의 양심을 성경으로 교육하고 그에 따라 사는 데 힘써야 한다.
  요약하면: 약한 그리스도인이 잊고 있는 사실이 있다. 그리스도인은 주께서
  받아들이신 모든 사람을 받아들이고, 주가 정죄하지 않으신 자를 정죄하
  지 말고, 자신의 양심을 복음에 맞추고 그에 따라 살아야 한다.

**6. 우리가 다른 그리스도인의 행동을 판단하게 될 때, 바울은 우리에게 무엇을 생각
하고 행하라고 가르치는가?**
하나님이 그 사람을 그리스도 안에서 하나님의 자녀로 받아들이시고 환영하
신다. 나는 그들을 형제로 대해야 한다.
하나님이 그 사람을 정죄하지 않으시므로 나도 정죄하지 말아야 한다.
그들의 행동이 잘못이라고 내가 생각하는 것이 옳은가? 그것은 혹시 그리스

도인의 자유의 영역이 아닌가? 내가 개인적 취향을 기독교의 원칙보다 우선 시하는 것은 아닌가? 나는 하나님의 말씀보다 더 흑백논리에 치우쳐 있지 않은가?

나는 양심에 따라 살고 있는가?

* **주의**: 그리스도인이 동료 신자의 행동에 대해 절대로 아무 말도 하지 말아야 한다는 것이 아니다. 성경을 통해 어떤 행동이 죄라고 확신한다면, 그 행동을 하는 신자에게 지적해 주는 것이 사랑이다(12:9-10). 그러나 우리는 서로 함부로 판단하거나 정죄하지 않아야 하고, 자신의 위치와 생활을 먼저 살펴보아야 한다.

7. 강한 신자의 우선순위는 무엇이어야 하는가(13절)?

다른 그리스도인에게 걸림돌이나 장애물이 되지 말아야 한다. 걸림돌이 된다는 것은 성가시게 하는 것이 아니라, 거리끼게, 실족하게 하는 것이다(21절). 즉 다른 그리스도인의 성장이나 하나님과의 관계를 지연시키거나 방해하는 것이다.

8. 왜 그러지 않아야 하는가(14-21절)?

다음 구절들에서 바울의 논증을 살펴보라.

만일 어떤 사람이 뭔가가 잘못이라고 생각한다면, 그 사람이 그것을 하는 것은 잘못이다(14절).

* **주의**: 부정한 음식이 왜 허용되는지에 대해서는 마가복음 7장 14-15절에서 예수님이 하신 말씀, 하나님이 사도행전 10장 15, 28절에서 베드로에게 하신 말씀을 보라.

고기를 먹는 것이 잘못이라고 생각하는 신자와 함께 있을 때 내가 고기를 먹을 자유를 남용하면, 첫째로, 그것은 사랑이 아니고, 다른 사람을 근심시키는 것이다. 둘째로, 그것은 하나님의 일을 망친다. 그것은 형제자매가 성장하여 성숙에 이르는 것을 지연시키기 때문이다(15절).

그것은 하나님이 좋게 보시는 자유의 기회를 나쁘거나 악하게 보이게 한다(16절).

그리스도인의 삶에서 정말 중요한 것이 무엇인지 잊고 있다(여기서처럼 강한 그리스도인만이 아니라, 약한 그리스도인의 경우도 마찬가지다). 그들의 행동을 이끄는 것은 고기를 먹고 싶은 욕망이지, 하나님을 기쁘시게 하는(18절) "성령 안에 있는 의와 평강과 희락"(17절)을 이루려는 갈망이 아니다(17-18절).

바울이 그의 논증을 다시 요약한다. 우리가 가진 자유를 누리는 것보다 평화를 이루고 다른 신자들에게 유익하게 하는 것이 행동의 원동력이 되어야 한다. 사실(20절) 사람을 실족시키는 것이야말로 다른 무엇보다 큰 잘못이다(19-21절).

9. 행동 그 자체는 잘못이 아닌 것을 그리스도인이 행한다면 무엇이 문제인가?

잘못이라고 생각하는 것을 하기 때문이다. 그것은 그들의 생각 속에서 하나님께 신실한 행동이 아니다. 그러므로 그들은 하나님께 신실한 것 대신에 다른 것(자신의 쾌락이나 다른 사람의 비위를 맞추는 것 등)을 선택하고 있는 것이다. 그것은 죄다. 약한 그리스도인이 자신의 양심을 교육하여 올바로 알게 되도록 권하는 것은 옳다. 그러나 약한 그리스도인이 자신의 양심에 거슬리는 행동을 하게 만들지 말아야 한다.

10. 15장 1절은 강한 그리스도인의 우선순위를 어떻게 요약해주는가?

해야 할 것은 자신은 강하니까 약한 자에게 인내해야 하고, 약한 자에게 가장 유익한 것을 해야 한다. 하지 말 것은 자신을 기쁘게 하지 말아야 한다. 즉 자신에게 쉽거나 기분 좋은 것을 우선시하지 말아야 한다.

　* **주의:** 바울은 2절에서 이웃이라는 단어를 말한다. 즉 바울은 이 가르침

을 교회 안의 관계를 넘어서까지 확장한다. 다음 과에서 이것을 더 살펴보겠다.

11. 바울은 우리가 어떤 것을 할 자유가 있다는 것을 아는데 다른 그리스도인이 잘못이라고 생각하면, 어떻게 생각하고 행동해야 한다고 가르치는가?

그들이 잘못이라고 하는 것을 성경이 정말로 금하는지 생각해 보라고 공손히 권하라.

그들과 함께 있을 때나, 그들과 함께 있지 않더라도 그들이 알 수 있을 때는 그렇게 행동하지 말아서 그들이 잘못이라고 믿는 것을 하려는 유혹을 받지 않게 하라.

12. 교회에서 바울의 말을 적용해야 할 "논란이 있는 불확실한 의견들"은 무엇인가?

* **주의**: 어떤 사람들은 모든 것을 "논란이 있는 불확실한 의견"에 넣으려고 하는 경향이 있다. 분명히 어떤 쟁점들은 논란의 대상이 아닌데도 말이다 (예: 그리스도의 정체성, 우리가 어떻게 구원받는가, 하나님의 말씀 안에 명확한 도덕적 쟁점들). 또 어떤 사람들은 아무것도 그 사안으로 넣지 않고, 모든 교리와 행동을 구원의 문제와 직결시킨다(예: 세례, 그리스도인의 데이트, 교회의 치리). 논란이 있고 불확실하여 의견이 분분한 사안은 교회나 문화마다 다를 것이다. 음악 스타일, 음주, 화장이 문제가 될 수도 있다. 약한 자와 강한 자가 그런 영역에서 어떻게 잘못할 수 있는가? 이 영역에서 빠질 수 있는 함정을 살펴보며 이 과를 마무리하라. 토론할 때 정죄나 비판의 경향이 없도록 주의하라!

14. 사역과 선교(15-16장)

복음을 나누고
사람들을 복음 안에 세우며

— 목표

효과적인 복음 사역은 가진 모든 것을 사람들을 섬기기 위해 사용하려고 하는 동기에서 흘러나오며, 성경 중심적이고, 참된 연합을 지향하고, 복음 전파와 구제에 힘쓰고, 모든 사람의 은사를 사용한다. 그 목표는 복음을 나누고 사람들을 복음 안에 세우는 것이다.

— 개요

이제 로마서가 마무리된다. 바울은 지역 교회의 복음 사역이 어떤 것인지 보여 준다. 로마인들을 격려하고 자신의 사역을 이야기하며 복음 사역이 다음과 같은 교회를 만든다고 보여 준다.

• 교인들이 자신의 능력과 장점을 사용하여 자신의 만족을 추구하기보다 남

을 섬긴다(15:1-3).

- 성경을 오늘날을 위한 말씀으로 읽고 가르쳐서 용기를 얻고 영원한 소망을 갖게 한다(4절).
- 성령이 주신 깊은 연합으로 사람들 사이의 장벽이 깨진다. 함께 그리스도를 따르는 것이 그 연합의 기반이다(5-13절).
- 전도가 그리스도인의 삶의 중심 요소다. 하나님께 감사하는 마음에서 우러나와서 전도한다. 평생 제자를 삼는 것을 그 목표로 한다(16-24절).
- 구제 사역(사회적 지원)을 등한시하지 않는다. 그것은 하나님이 하신 일에 우리가 반응해야 할 중요한 부분이다(25-29절).
- 다른 사람을 위해 꾸준히 진심으로 기도한다(30-33절).
- 각자 다양하게 사역에 기여한다(16:1-16).
- 교인 구성이 다양하여 남녀노소, 각계각층, 모든 사회경제적 신분을 포함한다(16:1-16).

바울은 하나님에 대한 위대한 찬양과 기도로 마친다(25-27절). 거기에 로마서의 주제들이 담겨 있다. 그는 다시 복음으로 돌아간다. 복음은 그의 삶과 가르침의 근간이다. 복음은 약속되었고, 그리스도로 계시되었고, 능력이 있어서 하나님의 백성을 구원하고 지켜 하나님이 영광 받으시게 한다.

— 질문 길라잡이

1. 효과적인 복음 사역은 무엇을 포함하는가?

정답은 없다. 복음을 기반으로 하는 좋은 사역의 다양한 영역을 소그룹원들이 토론하게 하라. 소그룹원들이 모두 다른 의견을 내더라도 다 옳을 수 있다는 것을 알게 하라. 왜냐하면 복음 사역은 단지 설교만도 아니고, 단지 전도만도 아니고, 단지 실용적 선행만도 아니기 때문이다.

2. 1-2절에 어떤 윤리적 원칙이 있는가?

힘 있는 사람은 그 힘의 청지기가 되어 약한 자들을 세우고 기쁘게 해야 한다. 힘을 사용하여 자신을 세우고 편리를 도모하지 말아야 한다. 바울이 2절에서 이웃이라는 단어를 사용하는 것에 주목하라. 물론 주 안의 형제자매는 그리스도인이지만, 인간이라면 모두 나의 이웃이다(눅 10:25-37). 그러므로 우리가 어떤 면에서 강하든(경제적, 문화적, 사회적 등), 우리는 그 힘을 사용하여 다른 사람들을 섬겨야 한다.

- 예수님은 어떤 면에서 삶의 위대한 모범이신가(3절)?

예수님은 가장 능력 있고 강한 사람이셨지만, 전 존재와 소유를 사용하여 다른 사람들을 섬기셨다. 결코 "자신을 기쁘게 하지" 않으셨다. 바울이 시편 69편을 인용한다. 선하고 의로운 사람이 하나님을 섬기기 때문에 부당한 고난과 박해를 당한다. 바울은 예수님이 하나님의 대적들에게 조롱과 고초와 죽음을 기꺼이 당하고자 하셨다고 말한다. 예수님은 주변 사람들을 섬기기 위해 그렇게 하셨다. 우리도 주변 모든 사람들을 향해 그런 태도를 가져야 한다. 그들을 세우기 위해 희생적으로 살아야 한다.

3. 3-4절에서는 성경이 우리 삶과 교회에서 어떤 역할을 해야 한다고 가르치는가?

- 성경은 오늘날에도 온전히 적용될 수 있다. 성경에 보존된 내용은 무엇이든 다 우리에게 뭔가를 가르치려고 보존되었다. 성경의 모든 부분에 교훈과 적용 사항이 있다.
- 성경은 그리스도 중심이다. 바울이 시편 69편을 인용했다. 그것은 성경 전체가 예수님에 대한 것임을 일깨운다. 예수님이 부활하신 날에 두 제자에게 모든 성경은 예수님에 대한 것이라고 친히 말씀하셨다(눅 24:27).
- 성경을 믿음으로 읽고 들으면 우리 안에 소망이 커진다. 왜냐하면 성경이 우리를 인내하게 하기 때문이다. 그리고 성경은 우리를 격려한다. 성경의

명령과 약속에 귀 기울이면, 성경은 우리의 삶을 즐겁게 변화시키고 소망을 견지하게 한다.

4. 5-13절에서 바울은 교회만의 특별한 연합에 대해 말한다. 5-7절은 그리스도인의 연합이 어떻게 이루어진다고 말하는가?

연합은 하나님이 주시는 초자연적인 은사다. 어떤 방법으로 그것을 만들어 낼 수 없다. 하나님이 연합을 주신다(5절).

연합은 그리스도를 본받을 때, 그리스도를 따를 때 임한다. 연합 자체를 목표로 직접 추구하여 연합이 이뤄지지 않는다. 연합은 다른 것, 즉 그리스도를 따르기를 추구할 때의 부산물이다. 우리가 그리스도를 따르는 데 헌신할 때 우리는 동일한 헌신을 하는 다른 사람들과 깊이 연합하게 된다(5절).

우리가 한마음과 한 입으로 예배할 때 연합이 굳건해진다. 하나님이 영적 연합을 주셔서 우리가 함께 예배할 수 있게 하신다. 그래서 함께 예배하는 데 헌신하면 우리의 연합이 굳건해진다(6절).

그리스도인의 연합은 그리스도 안에서 우리가 의롭다하심을 받는 것을 기반으로 한다. 그리스도가 우리를 받으셨다는 기반을 근거로 우리는 서로를 받아들인다. 우리의 모든 결점에도 불구하고 그분이 우리를 사랑하신다. 그래서 우리도 다른 사람들의 결점이 있지만 사랑한다(7절).

5. 1-2절의 원칙이 당신의 다음 영역에 어떻게 적용될까?

- 재정

  돈이 있는 그리스도인은 돈이 없는 사람을 부요하게 하고 일으켜주려고 하나님이 돈을 주셨다고 보아야 한다.

- **관계**

  우리는 같은 급의 사람들 하고만 어울리거나, 우리에게 이롭거나 정서적으로 힘을 주는 사람들하고만 좋은 관계를 맺으려고 힘쓰지 말아야 한다. 우리는 지치게 하는 힘든 사람들도 사랑하고 그들과 관계를 맺고자 해야 한다.

- **어디에 살지 선택할 때**

  "내가 어디 살아야 제일 편할까?"라고 묻지 말고 "내가 어디 살아야 하나님이나 다른 사람들을 위해 가장 잘 쓰임 받을까?"라고 물으라.

  ⏬

  - 만일 당신이 과거에 로마서 15장 1-2절을 모든 결정의 기반으로 삼았다면, 어떻게 다른 결정을 했을까? 이제 당신은 현재나 가까운 미래에 어떻게 다른 결정을 하게 될까? 소그룹원들이 서로에게 얼마나 열려있는지에 따라 각자 조용히 생각해 보게 하거나 생각한 것을 토론하고 나누게 하라.

6. 우리는 여기서 바울의 복음 증거 사역에 대해 무엇을 배울 수 있나?

- **동기(16-17절)**

  바울은 자신의 복음 증거가 제사장 직분이고, "이방인을 제물로 드리는 것"이 그 목표라고 했다. 즉 바울의 전도로 회심하는 사람들이 바울이 하나님께 드리는 제물이다. 바울은 하나님께 찬양과 감사를 드리는 한 방법으로 복음을 증거한다.

- **목표(18절)**

  이방인들을 순종하게 하기 위하여. 바울이 원한 것은 사람들이 진짜 믿음을 갖게 되어 희생적 순종을 하게 되는 것이다(1:5, 12:1). 바울은 단지 회심 경험을 사람들에게 일으키려는 것이 아니라, 완전히 변화된 삶을 이루려 한다. 바울의 복음 증거의 목표는 제자를 배출하는 것이다.

- **중요성(18절)**

  바울은 그리스도께서 이방인들을 순종하게 하기 위하여 나를 통하여 역사하신 것 외에는 아무것도 말하지 않겠다고 했다. 바울은 많은 것을 이루었다. 그러나 무엇보다도 바울의 원동력이자 바울을 가장 기쁘게 한 것은 그의 사역을 통해 사망에서 생명으로 옮겨진 사람들이었다.

- **수단(18절)**

  "나의 말과 행위로." 바울은 복음 메시지를 말만이 아니라, 삶과 행동으로 전했다. 바울은 복음을 사람들에게 말할 뿐 아니라 복음을 사람들에게 보여 주었다. 사람들은 바울의 삶을 보고 복음 중심으로 재편된 삶이 어떤 것인지 볼 수 있었다.

  * 주의: 바울이 표적과 기사를 언급했다. 오늘날 우리도 그것을 기대해야 하는가? 이것은 큰 주제다. 그러나 바울의 표적은 그의 사도 직분의 일환일 수 있다(고후 12:12 참조). 하나님은 오늘날에도 기적을 행하실 수 있다. 그러나 우리는 하나님이 그렇게 하실 것이라고 기대하지 말아야 한다. 여하튼 우리의 말만 아니라 행실로도 복음을 증거해야 한다.

- **전략(20, 23절):**

  바울은 선구자였다. 바울은 다른 사람이 한 일 위에 세우기보다 아무도 복음을 듣지 않은 곳에 가려는 열정이 있었다. 23절을 보면 바울은 도시 지역에 초점을 맞추었다. 언급된 지역에서(19절) 바울은 도시에 교회들을 개척했다. 그곳은 전에 교회가 없던 곳이다. 바울이 맡은 일이 완수되었다.

• 오늘날 모든 그리스도인에게 적용되는 것은 무엇이라고 생각하는가?

여기 나타난 동기와 목표는 모든 그리스도인의 이상이 될 수 있다. 우리들 중 많은 사람들은 전도에 대한 열정이 없다. 그러나 우리가 받은 구원을 깊이 생각하여 하나님을 섬기고 찬양하려는 갈망을 자신의 내면에 일으켜야 하고, 그래서 전도를 하나님을 섬기고 찬양하는 일환으로 삼아야 한다. 또한 우리는 반드시 제자 양육을 목표로 해야 하고 단지 피전도자의 믿음 고백을 목표로 하지 말아야 한다(믿음의 고백만을 목표로 한다면 전도가 피상적이고 단기적일 수 있다).

물론 우리 모두가 전도를 삶의 중심 목적으로 삼거나 도시에서 교회를 개척하는 전도자가 되라고 부름 받은 것은 아니다. 그러나 바울의 모범을 보고 교회 전체가 이런 사명에 부름 받은 사람들의 중요성을 인식하고 그들을 위해 기도하고 지원할 필요가 있다.

데살로니가전서 2장 1-12절을 읽으라.

이 본문을 보면 효과적인 전도와 교회 리더십에 필요한 것은 무엇인가?

삶 전체를 사람들과 나누어야 한다. 바울은 사랑으로 데살로니가에서 복음을 나누었을 뿐 아니라, 삶 전체를 나누었다(8절). 그의 전도는 새신자를 목양하는 것도 포함했다는 것에 주목하라(9, 11-12절). 이 모든 것은 매우 희생적이고 수고를 요한다(9절).

이러한 종류의 총체적 삶과 희생적 사역의 동기가 된 것은 무엇인가(4, 6절)?

바울은 하나님을 기쁘시게 하려 했고, 사람들의 인기를 구하지 않았다. 이것은 바울의 전도가 산 제물로 드려진 삶의 일환이었다는 것을 일깨운다(12:1). 그것은 하나님이 바울에게 베푸신 자비에 대한 응답이었고, 주를 기쁘시게 하려는 것이었다.

7. 바울은 교회 개척 선교사로 부름을 받았다. 그런 가운데서도 바울이 예루살렘의 가난한 교회들을 위해 모금하고 또 모금한 돈을 전달할 시간을 가졌다는 사실이 놀라운 이유는 무엇인가?

그것은 실제적인 사역이 얼마나 중요한지 보여 주기 때문이다. 23-24절을 다시 보라. 바울은 로마를 경유해 스페인(서바나)으로 가서 복음을 전하기를 바라면서도, 그러한 전도 일정을 바꾸어서라도 모금해 유대(예루살렘)에 전달하려는 계획을 세웠다.

바울은 로마의 그리스도인들에게 어떻게 헌금에 대한 동기부여를 하는가?

예루살렘 교인들이 얼마나 가난하고 힘든지 설명한 것이 아니라, 다른 사람들이 헌금한 예를 들고(26절) 로마의 그리스도인들이 가난한 예루살렘 교인들에게 빚졌다는(27절) 것을 일깨운다. 가난한 자들을 돕는 것은 선택 사항이 아니라 필수적 의무다.

> **＊주의:** 이 경우에는 더 특별한 빚짐이 있다. 가난한 그리스도인들이 유대인이고, 그들을 통해 복음이 이방인들에게 전달되었고, 로마의 그리스도인들도 그런 이방인 중의 하나이기 때문이다. 한편 고린도후서 8장 8-9절은 부유한 그리스도인이 가난한 신자들에게 물질을 나누어 주어야 한다고 분명히 말한다. 그리스도가 희생하셔서 우리에게 베푸신 것에 감사하기 때문이다.

26절에서 바울은 그리스도인들이 "기쁘게" 연보했다고 말한다. 그것은 의무지만 기쁨을 준다. 바울은 우리의 마음이 하나님의 희생과 은혜에 대한 감사, 동료 신자들에 대한 사랑으로 충만하다면, 후하게 희생적으로 물질을 나눌 것이라고 말한다. 그리스도인이 물질을 나누는 것은 단지 그래야 하기 때문만 아니라, 그러기를 원하고, 그렇게 하는 것이 기쁘기 때문이다.

8. 어떻게 로마의 그리스도인들이 바울의 수고에 동참할 수 있는가(30절)? 왜 그것이 기쁜가?

기도로 동참했기에 기쁘다. 왜냐하면 고생하고 힘들어 하는 형제자매를 항상 기도로 도울 수 있기 때문이다. 우리는 먼 곳에서 수고하는 사람들, 한 번도 만나 보지 못한 사람들일지라도 그들 곁에서 기도로 함께할 수 있다. 우리가 동참하여 돕지 못할 수고는 없다. 우리가 기도할 수 있다.

9. 1-23절은 초대교회의 삶을 보여 준다. 본문은 다음 각 항목에 대해 무엇을 말해 주는가?

- **여성 사역에 대해**

  뵈뵈(1-2절)는 일꾼 혹은 집사 즉 사역을 섬기는 사람으로 묘사된다. 뵈뵈가 교회에서 정확히 어떤 역할을 했는지 나오지 않지만, 그 역할을 통해 뵈뵈는 보호자가 되었다. 그래서 사도가 그를 추천했다. 확실히 초대교회에서 여성은 명성이 있었고 중요했다.

- **교회의 다양성에 대해**

  (여기서 리더가 소그룹원들을 좀 도와줘야 한다) 열거된 이름을 보면 유대인들(7절), 이방인들이 있고, 높은 신분도 있다(아리스도불로 10절, 나깃수 11절). 남녀가 사역에 참여했다. 교회 내의 다양성이 여러모로 컸다.

- **교회의 구조에 대해**

  본질적으로 여러 가정 교회들의 네트워크였다(5절).

- **교회가 당면한 위험에 대해**

  거짓 가르침이 교회를 사도들의 진리로부터 오도할 잠재성이 항상 있었다(17절). 바울과 매우 다른 동기를 가진 사람들이 이 그리스도인들에게 영향을 미칠 수 있었다(18절). 그런 사람들과 그런 가르침에 대비해야할 필요성이 항상 있었다(19절).

10. 이 두 장에 나타난, 교회가 참여해야 할 다양한 사역들은 무엇인가?

성경을 가르침(15:3-4), 교제(5-6절), 전도(14-23절), 실제적 재정 지원(25-29절), 모든 교인들이 자신의 은사와 집 등을 사용하는 것(16:1-16).

당신이 본 것으로 당신의 교회와 당신 자신을 평가해 보라.

긍정적으로 토론하라. 무엇을 더 잘하거나 더 많이 할 수 있을까?

11. 이 놀라운 서신서의 마지막 부분이다. 여기서 로마서의 주제 몇 가지를 어떻게 요약하고 있는가?

"~할 수 있다"는 헬라어로 "~할 능력이 있다"와 어원이 같다. 그러므로 16장 26절은 1장 16절과 연결된다. 복음은 하나님이 어떻게 백성을 변화시키시고 지키시는가에 대한 것이다. 바울은 1-5장을 돌아본다. 그것은 왜 우리는 복음이 필요하고 복음이 어떻게 우리를 구원하는지에 대한 것이다. 그리고 바울은 6-8장을 돌아보는데, 그것은 어떻게 복음이 우리를 변화시키는가에 대한 것이다.

복음은 예수 그리스도를 선포하는 것이다(16:25). 1장 3-4절을 보라. 복음은 하나님의 아들, 우리 주 예수 그리스도에 대한 것이다. 복음의 중심은 예수님이시다. 그는 죽으시고 부활하사 통치하시는 신성한 사람이시다.

복음은 선지자들의 글에 약속되었고, 오직 그리스도 안에서 온전히 계시되었다(16:26-27, 참조: 1:2, 3:21).

복음은 모든 민족이 하나님을 믿어 순종하게 하고(16:26, 참조:1:5), 하나님께 영광이 있게 한다(16:27).

12. 지난 일곱 과에서 로마서 8-16장을 공부한 시간을 돌아보라. 그 말씀을 통해 주께서 당신을 격려하신 것, 당신의 교회를 격려하신 것을 각각 하나씩 선택하라.

주께서 당신에게 주신 도전, 당신의 교회에 주신 도전을 각각 하나씩 선택하라.

— 한 걸음 더 나아가기

로마서는 로마 교회에 쓴 편지이므로 원래 한 번에 다 읽도록 되어 있다. 그러므로 로마서 전체를 공부하고 난 지금, 로마서 전체를 소리 내어 읽으라. 당신이 혼자 다 읽거나 한 소그룹원에게 읽어 달라고 부탁하라. 혹은 각 사람이 한 장씩 읽어서 16장 전체를 다 읽으라. 편지를 다 읽고 나서 함께 기도하라.